Das Buch

»Die frohe Botschaft abgestaubt« ist so etwas wie eine Bibel auf Turnschuhen. Mit Respekt vor der Menschlichkeit dieser Geschichte, aber ohne jeden Skrupel, was ihre sprachliche Form angeht, erzählt Thommie Bayer, synoptisch durch die vier Evangelien springend, das neue Testament in lässig-witzigem Jugendjargon und schafft damit das, was so vielen Theologen heute nicht mehr gelingt: die Geschichte ist anrührend, spannend und verständlich!

Und wenn der anachronistische Crashkurs, dem dieser Text unterzogen wird, auch noch verspielt parodistische Funken schlägt, dann macht das Lesen dieser kultur- und religionsstiftenden Legende ganz unverhofft einen »Heiden«spaß.

Der Autor

Thommie Bayer, Jahrgang 1953, studierte Malerei an der Kunstakademie Stuttgart, veröffentlichte als Liedermacher acht Langspielplatten und etliche Singles und trat mit seiner Band weit über tausendmal auf, bevor er sich von der Musik verabschiedete und nur noch Bücher schrieb. Zwar werden manche seiner Lieder, wie zum Beispiel *»Der letzte Cowboy kommt aus Gütersloh«* noch heute im Radio gespielt, aber der Bekanntheitsgrad seiner Bücher übertrifft den seiner Musik bei weitem. So ist etwa *»Das Herz ist eine miese Gegend«* (Rowohlt 1991) ein Kultbuch geworden und geht von Hand zu Hand. Im Herbst 1992 erhielt Thommie Bayer den renommierten Thaddäus-Troll-Preis für sein bisheriges literarisches Gesamtwerk.

INHALT

1. Buch

JESUS UND DIE JUNGS AUS DER NACHBARSCHAFT

Vorwort 11
Josef und Maria haben ein Problem 12
Statistik 17
Besuch 18
Die ersten Fans 19
Staffette 24
Die Big Abhaue 25
Befehl ist Befehl 26
Die Big Heimkomme 27
Talent zum Beruf 32
Ein Talent erkennt ein Genie 33
Untertauchen eins 37
Die Eignungstests 40
Kopf und Kragen 45
Galiläa unsicher machen 45
Kumpels 47
Es geht los 50
Das Grundsatzprogramm 51
Selig 52
Die Reform 53
Das Grundsatzprogramm part two 54
Das Medizinische 55

2. Buch

JESUS UND DIE GROSSE TOUR

Stöpselfehler 59
Ein Militär 60
Die gefährdete Hochzeitsparty 61

Ja, die Verwandtschaft 62
Besessene und Kranke 63
Tempo 63
Schlechtwetter 64
Umsetzung von Dämonen 64
Eine Entlähmung 66
Noch ein Jünger 67
Fasten 68
Medizinisch das nächstgrößere Ding 69
Und dann die beiden Blinden 70
... und der Stumme 70
Die Zwölf Meisterschüler 70
Standesregeln 71
Und noch was 72
Post vom Täufer 73
Paar Takte über Johannes 74
»Da wir gerade dabei sind ...« 77
»Danke ...« 78
Gewicht 79
Dummes Geschwätz 80
Er verdirbt's mit ihnen 81
Kann man alles nachschlagen 82
Plädoyer 83
Beweise 84
Die Logistik der Dämonen 85
Ja, die Verwandtschaft. Zwei 86
Gleichnisse. Eins 86
Gleichnisse. Zwei 87
Gleichnisse. Drei bis Zehn 88
Gleichnisse. Ende 88
Der gute alte Kleinstadt-Blues 89
Potentaten 91
... können sich alles leisten 91
Mangiare hoch viereinhalb 93
Die zweite Wunderstufe 94
Textilreinigung 96
Und noch ein paar dumme Fragen 96
Und dann war da noch diese Heidin 98

Und weiter geht's ... 100
Der Brot-und-Fisch-Trick 100
... und ewig nörgeln die Pharisäer 100
Finger weg! 101
Alles Bio 101
Prokura für Petrus 101
Zukunftsaussichten. Eins 103
Kreuz? 104
Durchsichtig 105
Elias Alias 106
Der Glaube macht den Landschaftsgärtner 107
Zukunftsaussichten. Zwei 107

3. Buch

JESUS UND KEIN ENDE

Kost' alles Kohle 111
Die Rührung beim Anblick der Kinder 112
Verführungsverbot 112
Schlechte Geschäftsleute 113
Familienmitglieder verpetzen 113
Genaue Vergebungszahlen 114
Güte im Dominoverfahren 114
Grenzübertritt 116
Noch 'ne Falle 116
Obwohl ... 117
Schleichwerbung 118
Gehälter 119
Zukunftsaussichten. Drei 119
Familienbesuch 120
Die Hauptstadt 122
Tempelputz 123
Happa Happa 124
Papiere, Papiere 125
Bengels 126
Böse Winzer 127

Die Alternativparty 128
Tarifunterschiede 130
Das Auferstehen an und für sich 130
Prioritäten 132
... Gegenfrage 132
Zur Feier 133
Apropos 133
Das Zeitlimit 134
Der Grausliche 135
Das große Finale 135
Obacht 136
Beispiele 136
Nicht auf dem falschen Fuß erwischen lassen 136
Pentagondoofekaeder 137
Die Ähnlichkeit von Geld und Kaninchen 138
Das Ende vom Anfang 138
Der Anfang vom Ende 140
Eine glitschige Sache 141
Ein mieser Typ 141
Die Frage nach dem Lieblingslokal 142
Das Abschiedsessen 142
Der letzte Berg 144
Übermüdung 145
Der illegale Bust 146
Verhör 147
Ein Feigheitsanfall 148
Auslieferung 149
Und noch einer schämt sich 149
Die offizielle Verhandlung 150
Soldatenspäße 152
Das Kreuz 152
Das Grab 155
Gravewatchers 155
Letzte Meldung der Geschäftsleitung 156
Tatsächlich 157
Der letzte Trick der Hohenpriester 157
Jobs für die nächste Zeit 158
Nachwort 159

1. BUCH

JESUS UND DIE JUNGS AUS DER NACHBARSCHAFT

Vorwort

Dies ist die Geschichte von Jesus, der ein Sohn von Josef war, der wiederum ein Sohn von Elis war, der seinerseits ein Sohn von Matthat war, der undsoweiter undsoweiter undsoweiter … Bis zu Adam, dem ersten Menschen. Die Zeit, in der die Geschichte spielt, hatte es noch nicht so mit den Nachnamen. Sollte euch also einer was von Jesus Leblanc oder Jesus Anzengruber erzählen, vergeßt es. Er hat den Falschen. Der Echte ist nur echt ohne Nachnamen. Adlig war er übrigens auch nicht, der Zusatz ›von Nazareth‹ bezeichnet nur die Gegend, aus der er kommt. Das hat man heutzutage nur noch in Gangsterkreisen. Man nennt einander Chuck vom upper Broadway oder Kalle aus Neukölln.

Damals aber war das üblich. Usus, wie der Römer sagt, der statthaltend, scheppernd und unbeliebt in genau der Gegend, um die es geht, zuhauf und völkerrechtlich nicht ganz hasenrein, sein Unwesen trieb.

Aber zurück zu Jesus und der langen Ahnenlatte: Ist natürlich keine Kunst, von Adam abzustammen, das tun wir alle. Und hier liegt genau der Zaunpfahl im Pfeffer vergraben! Jesus ist nämlich einer von uns. Ein ziemlicher Spezialfall zwar, aber ansonsten einer wie du und ich. Zwar hat er nie Teller gewaschen, nie was von Dale Carnegie gehört, noch wußte er, was das Wort Perestroika bedeutet, aber sind wir doch mal ehrlich: Wir doch auch nicht.

Es fing alles ganz harmlos an. Nämlich so:

Josef und Maria haben ein Problem *[Matth. 1,18–25]*

Die Braut von Josef, eine stadtbekannte Klassefrau namens Maria, hat ausgerechnet heute wieder ihren schlechten Tag. Es ist Abend, die Skyline von Nazareth kratzt wieder hübsche Zacken aus dem Sonnenuntergang, und Maria fängt an, herumzudrucksen.

Nun sind weibliche Zicken so ziemlich das letzte, wonach sich Josef sehnt, aber Klassefrauen sind 'ne Sache für sich, also geht er auf sie ein.

»Was hast du denn, Süße?«

»Ach nichts«, und sie druckst weiter.

Ein Weilchen muß er sozusagen in sie dringen. Schließlich verspricht er, nicht sauer zu sein, da rückt sie raus mit ihrem Problem: Sie sei schwanger, aber habe überhaupt nichts gemacht. Ganz bestimmt nicht.

Drucks.

»Für wie blöd hältst du mich denn?« schreit Josef. Natürlich ist er sauer. Stocksauer sogar. Nicht nur, daß er brav auf Papi und Mami gehört hat, die sagten: »So du aber nicht die Pfoten von der Kleinen läßt, als bis der Trauschein vorliegt, soll dir eine um die andere gescheuert werden, bis daß eine gnädige Ohnmacht dich vorübergehend scheidet«; nicht nur, daß Maria ihm offenbar Hörner aufsetzt; nein, sie will ihn auch noch mit so einem Stuß abspeisen. Nichts gemacht. Wo gibt's denn so was?

»Wer?« fragt er, so scheinbar cool wie möglich.

»Wie, wer?« Maria stellt sich naiv.

»Wer war's?!« Schon ist es wieder vorbei mit der Coolness.

Josef brüllt.

»Echt keiner, du. Ich schwör's.«

»Har, har«, lacht Josef bitter.

»Wieso lachst du?«

»Ich lache nicht. Ich stelle die Frage nur nonverbal.«

»Josef, bitte«, Marias Stimme franst schon aus. »Es war wirklich keiner. Wirklich.«

»Ich weiß schon«, sagt Josef müde, »du hältst mich für saublöd, und es war der Heilige Geist. Alles klar.«

Jetzt ist sie aber völlig von den Socken. Woher er das wisse?

»Woher weiß ich wa ... *Wie bitte?*« Josef glaubt, gleich durchzudrehen. »Du wirst mir doch nicht erzählen wollen ...?«

»Doch, genau. Der Heilige Geist. Ehrlich.«

Wie alle Mädchen hat Maria nah am Wasser gebaut, und wohl oder übel muß Josef sein Taschentuch rausrücken. »Da, nimm.«

Jetzt kann er auch nicht mehr so rumschreien. Wenn sie erst mal heulen, muß man leisere Töne anschlagen. Sonst heißt es »Tilt«, und sie machen vollends schlapp.

Ganz kann Josef seinen Ärger nicht unterdrücken, aber sein Tonfall bekommt etwas Ritterliches, als er weiterspricht. Da drehe er nichts wie Däumchen und mache den lieben Hanswurst, während sein flottes Fräulein Braut nichts Eiligeres zu tun habe, als nur ja nix anbrennen zu lassen. »Nee, nee Süße. Nicht mit mir.«

Nun hat er sich doch wieder in Rage geredet. Er kann nicht anders. »Nicht mit mir, Verehrteste. Das Taschentuch will ich gewaschen zurück.«

Ein guter Abgang.

Innerlich kochend vor Wut, aber äußerlich ganz Mann von Welt, brummt er noch ein lässiges »Tschau« und läßt sie sitzen. Soll sie sehen, wie sie Alimente kriegt vom Heiligen Geist.

Jetzt muß er erst mal was trinken.

Das hält ja der stärkste Seemann nicht ohne Kläranlage durch, und er ist doch bloß ein Zimmermann.

Im Verlaufe des anschließenden Zugs durch die Gemeinde muß er entweder was Falsches gegessen haben, oder die letzten beiden Gläser waren irgendwie nicht so bekömmlich wie die ersten elf. Der Heimweg jedenfalls ist verschlungen und beschwerlich.

Endlich findet er ein Bett, das seinem eigenen ähnelt, und haut sich hinein in voller Montur. Er schläft sofort ein und träumt ein Zeug zusammen, daß es einer Sau graust. Leider ist er zu blau, um einfach aufzuwachen. Da muß er durch. Unter anderem träumt er einen Typen, der behauptet, er sei der Heilige Geist.

»Ach nee«, empfängt ihn Josef, »wenn du ein Duell willst, ich schick' dir meinen Sekundanten. Aber nicht vor sechzehn Uhr. Ich muß noch ein bißchen ausschlafen.«

»Falsch geraten«, gibt sich der Heilige Geist jovial, »ich will mich nicht mit dir schlagen.«

»Ich aber«, trumpft Josef auf.

»Josef, du verstehst mich falsch. Jetzt hör doch mal zu, damit du kapierst, worum's geht.«

Josef lallt sogar im Traum: »Ess gip nichssu kaphieren, ess gip wassu fhrikassieren, und swar dich.«

Der Heilige Geist gibt auf. So hat das keinen Sinn.

Zurück im Büro, bittet er einen seiner Engel, die Sache für ihn zu klären.

»Der Typ nervt. Ich komm' nicht klar mit dem.«

Als Josef kurz darauf den Engel sieht, glaubt er, schon den Sekundanten vor sich zu haben und knarzt grantig: »Ich hab' doch gesagt, sechzehn Uhr.«

»Unsinn«, sagt der Engel, »halt mal den Rand, bis ich fertig bin. O. K.?«

»Von mir aus«, raunzt Josef. »Bin eh zu schlapp, mich mit dir rumzustreiten.«

Geduldig spricht der Engel: »Also hör zu: Du nimmst Maria auf, heiratest sie, bist nett und behandelst sie anständig, kriegst einen Sohn, und der heißt Jesus und wird 'ne große Nummer. Klar?«

»Kann ich ihn Eddi nennen?«

»Jesus hab' ich gesagt, und damit basta! Du *kannst* einem aber auch auf die Nerven gehen. Der Prophet hat nämlich gesagt: ›Seht, die Jungfrau wird ein Kind empfangen, einen Sohn wird sie gebären, und man wird ihm den Namen Immanuel geben ...‹«

»Na bitte, und wieso nicht Eddi?«

»... das heißt übersetzt: Gott ist mit uns.«

»Und was krieg' ich dafür?«

Josef klingt schon ein bißchen kleinlauter, als wolle er sich doch auf die Sache einlassen. Und schließlich, warum nicht, wenn was dabei rausspringt?

»Du kriegst 'ne Klassefrau und 'n guten Platz in der Geschichte«, sagt der Engel.

»Das ist alles?«

»Das reicht! Vor allem reicht's *mir* jetzt gleich!«

Dem Ton des Engels nach zu urteilen, muß die Sache doch recht offiziell sein. Also gibt Josef klein bei. Was soll's. Das Aushandeln von Verträgen ist keine seiner Stärken.

»Macht doch, was ihr wollt. Meinetwegen.« Er will seine Ruhe.

Morgens, so gegen vierzehn Uhr, nachdem sich seine Augen an das schmerzende Tageslicht gewöhnt haben, geht Josef mit seinem stoppelbärtigen Katergesicht zu Maria und sagt: »Schwamm drüber, Süße. Ich heirate dich, und der Kleine heißt Jesus.«

»Kann ich ihn nicht Sascha nennen?«

»Jesus hab' ich gesagt, und damit basta! Daß du gleich weißt, wo ab jetzt der Hammer hängt. Und noch eins«, fügt er hinzu, »stöpselmäßig läuft nichts, bis der Bengel ausgeschlüpft ist. Kannst dich gleich drauf einstellen.«

»Ach, Josef«, seufzt Maria, »du bist doch ein prima Kerl.«

»Wo ist mein Taschentuch?« bellt er. Sie soll nicht merken, daß ihm das wie Öl runtergeht.

»Hier. Gewaschen und gebügelt, und 'n Monogramm hab' ich dir auch reingestickt.«

Josef knurrt was Unverständliches. Er will sein mürrisches Image nicht gleich wieder loswerden. Aber eins ist klar, die Ehe wird gut laufen, denn der Engel hatte recht: Maria ist 'ne Klassefrau.

Statistik *[Luk. 2,1–7]*

Bei den Römern ist derzeit exaktes Wissen populär. Irgendein Sesselfurzer im statistischen Büro hatte Langeweile und redete seinem Kaiser Augustus ein, daß man das Volk im ganzen Imperium zählen müsse. Dann habe er, der Sesselfurzer, für die nächsten paar Jahre was zu rechnen, und der Kaiser das ganze verstreute Gesindel besser im Griff. Da Augustus auch gerade Langeweile hatte, fand er diesen Vorschlag phänomenal, und jetzt muß Josef mit seiner Familie in die Vaterstadt Bethlehem latschen, sich vor einen Schreibtisch stellen und sagen: »Ich bin ein Mensch.« Dann trägt der Römer die Zahl eins ein, und damit hat sich's. Genial. Gegen Langeweile.

Und Maria ist hochschwanger.

Die Reise ist beschwerlich, nur gelegentlich nimmt mal ein Eselskarren das trampende Paar für eine kurze Strecke mit. Bei Bethlehem setzen die Wehen ein. Sie schaffen es noch bis zur Stadt, und dort haben sie Glück, denn ein freundlicher Bauer läßt sich breitschlagen und bietet seinen Stall als Unterkunft.

Gerade noch rechtzeitig.

Rechts steht eine Kuh, links steht ein Esel, und beide verzichten für eine Weile aufs Futter, denn in der Mitte liegt das Baby und strampelt und gluckst und freut sich zu leben. In der Krippe, in der normalerweise das Abendessen serviert wird.

Und das Kind heißt Jesus. Und nicht Sascha.

Besuch *[Luk. 2,8–20]*

Hirten lungern den ganzen Tag draußen rum, und es ist bekannt, daß sie allerlei Zeug essen, von dem normale Menschen keinen Schimmer haben. Dieses Zeug bietet gewisse Vorteile visionstechnischer Art, und deshalb ist der Hirtenberuf auch recht beliebt. Erstens kommt man leicht an den Stoff, und zweitens schaut einem kein Römerbulle von der Drogenfahndung auf die Finger. Oder in den Kochtopf.

Bei den Hirten, die sich in der Nähe des Stalls gerade zu einer zwanglosen kleinen Party versammelt haben, schmurgelt zum Beispiel gerade ein außerordentlich pompöser Pilz in der Pfanne. Beziehungsweise der Rest davon. Der größte Teil des Pilzes ist nämlich schon in den Mägen und schickt abenteuerliche Impulse durch die Blutbahn in Richtung Hirnrinde. Es ist ein sogenannter Kinopilz. Man sieht Filme, wenn man ihn verzehrt.

Die Hirten sind schon mitten in einem großangelegten Kostümepos. Da singen Engel und tanzen und behaupten, der Messias sei geboren. Er sei in Windeln gewickelt, läge gleich hier nebenan in einer Krippe, und wer's nicht glaube, solle halt mal hingehen. Der Film ist fantastisch ausgeleuchtet, die Musik mit allen Schikanen produziert, und wenn er nicht so abrupt aufgehört hätte, wären die Hirten nie auf die Idee gekommen, mal nachzusehen, ob die Botschaft stimmt.

In bester Pilzlaune rumpeln sie hintereinander in den Stall, verstummen aber sofort, als da tatsächlich ein Kind liegt. Sie müssen den Pilz verwechselt haben. Das war kein Kinopilz, sondern ein Wahrheitspilz. Die sind so selten, daß man's gar nicht glaubt, wenn man einen hat.

Die Hirten fallen auf die Knie, sagen »Schön, daß du da bist, Messias« und entschuldigen sich für die späte Störung. Und dann sagen sie es weiter, denn Geschichten über Pilze sind in Hirtenkreisen sehr beliebt, und das Finden eines Wahrheitspilzes ist in etwa so ein Hammer wie der Abschuß eines Wolpertingers. Oder Einhorns.

Die ersten Fans *[Matth. 2,1–12]*

König Herodes macht seinen täglichen Verdauungsspaziergang. Er ist keineswegs bester Laune, denn in der Hauptstadt stinkt's! Es riecht nach allerlei totem Viehzeug, nach billigen Gewürzen, Kloake und armer Leute Schweiß. Bäh.

Lieber würde er im Palasthof lustwandeln, wenn schon lustgewandelt sein muß. Da ist er sowieso kein Freund von.

Aber die Public-Relations-Berater finden, er müsse täglich unters Volk, das käme gut an. Und wenn er es bloß tue, damit die Leute sehen, daß er keine Angst vor ihnen hat.

»Und was ist, wenn sie mich dumm anquatschen?« hat er gefragt. »Was ist, wenn sie schreien: ›König hier, König da, zuviel Steuern, zuwenig Spaß‹ undsoweiter. Was mach' ich dann?«

»Die quatschen dich schon nicht an«, sagten die PR-Leute. »Keine Sorge, die glotzen höchstens ein bißchen.«

Damit hatten sie recht. Man läßt ihn in Ruhe. Normalerweise. Aber heute ist leider der Wurm drin. Daran, daß nämlich ahnungslose Touristen, die ihn, Herodes, einfach nicht *kennen,* nach Jerusalem kommen könnten, haben die hochbezahlten Werbefritzen leider nicht gedacht. Und heute scheint genau die Sorte gleich massenweise angekommen zu sein. Und alle wollen was von ihm.

Gerade jetzt stellt sich schon wieder so einer vor ihm auf. Der kommt aus dem Osten, das sieht man an der Kleidung. Das ist nun schon der dritte. Und immer dieselbe Frage. »Kannst du mir sagen, wo es zum neuen König der Juden geht? Ich will ein Autogramm von ihm.« Herodes läßt den zudringlichen Kerl einfach stehen.

Den ersten hat er noch gefragt, ob er wisse, wen er vor sich habe, der zweite bekam eins auf die Nase, aber jetzt hat Herodes den Blödsinn satt. Wütend stürmt er an den Palastwachen vorbei und schreit: »Hohepriester und Schriftgelehrte zu mir, aber sehr, sehr dalli!« Dann setzt er sich auf seinen Thron.

In der Stadt kommt Hektik auf. Die einen tuscheln miteinander – »Hast du das mitgekriegt? Der König ist angemacht worden.« »Echt?« »Ja, Touristen!« –, die anderen gehen noch mal schnell mit der Bürste durch den Schnurrbart und schnipsen eine Schuppe von den Schultern, weil sie gleich zum König müssen. Sie sind Hohepriester und Schriftgelehrte.

Die Honoratioren haben es nicht leicht, sich einen Weg durch die tratschende Menge zu bahnen. Da helfen auch die Plaketten ›Hohepriester im Einsatz‹ nichts, denn keiner achtet darauf. Sie haben natürlich

Angst, zu spät zu kommen. Herodes ist als ziemlicher Ungustl bekannt.

Als alle da sind, ergreift er das Wort: »Hört mal her, meine Herrn. Auf offener Straße pflaumen mich Ausländer an, es gäbe einen neuen König der Juden, und a) weiß ich nichts davon, b) find' ich's nicht so toll und hätte deshalb c) gern einen Tip von euch Weltmeistern, was der Scheiß eigentlich soll. *Ist vielleicht Fasching oder was?!!!* Ihr seid doch sonst so schlau!«

»Das sind Sterndeuter«, sagt einer der Priester.

»*Ach* was!« brüllt Herodes schon wieder. »Noch auf dem letzten Symposium tönte es doch massiv aus euren Reihen, dieses Sterngedeute sei 'ne Mode wie jede andere auch und gehe vorbei in einem Zeitraum nicht länger, als eine Geiß für einen Pups benötige.«

Noch kleinlauter als eben antwortet der Hohepriester: »Ja schon, aber jetzt mal so vom Populärwissenschaftlichen her gesehen, also ..., äh, tja, ich will's mal so sagen: in den Sternen steht die Neuigkeit, und wir haben den Anschluß verpaßt. So sieht's aus.«

Der Priester gehörte auf dem Symposium zu den Befürwortern des Sterndeutens und freut sich jetzt heimlich, daß die Gegner eine Flappe ziehen.

»Laßt mich bloß zufrieden mit eurem Wissenschaftlergedöns«, sagt Herodes, »ich hab' auch noch was anderes zu tun.« Er klopft ungehalten mit den Fingerknöcheln auf die Armlehne seines Throns. »Klartext bitte, meine Herrn. Was ist das für eine Räuberpistole mit diesem Zusatzkönig?«

»Also der Prophet sagt ...«, meldet sich ein Schriftgelehrter zu Wort.

»Hört, hört, der Propheeet«, unterbricht ihn sein erbittertster Gegner. »Du meinst, dein Kaffeesatz hat sich wieder mal gemeldet, oder eine Portion Hühnergedärm hat was auf deinen Anrufbeantworter gesprochen, hä?«

»Ruhe!« schreit Herodes, »jetzt reicht's mir aber! Was ist denn das für ein Kindergarten hier! Laß ihn gefälligst ausreden. Was sagt der Prophet?«

Stolz, daß ihn der König beschützt, referiert der Schriftgelehrte: »Also das ist so. Dieser Messias, oder so, soll in Bethlehem in Judäa geboren werden. Ich zitiere ...« Und er holt eine Kladde vor, aus der ihm erst mal prompt ein paar Blätter zu Boden fallen. Dann hat er endlich die richtige Seite gefunden. So würdevoll es geht, liest er vor: »Und du, Bethlehem im jüdischen Lande, bist mitnichten die kleinste unter den Städten in Juda; denn aus dir soll mir kommen der Herzog, der über mein Volk Israel ein Herr sei.«

»Das ist doch Lyrik«, schreit der Querkopf von eben, »und keine exakte Wissenschaft!«

»Laß gut sein«, spricht Herodes ein Machtwort, »das Thema kannst du in etwa zweitausend Jahren totreiten. Deine Uhr geht wohl 'n bißchen vor.« Dann schmeißt er die Streithammel raus.

Er schickt seine Leibwächter los, die Touristen herzuschaffen. Wenn das Sterndeuter sind, denkt er, dann hab' ich ein paar Fragen.

Tatsächlich werden die drei Herren nach kurzer Zeit nur wenig beschädigt bei Hofe abgeliefert, und Herodes kann ihnen in aller Ruhe Löcher in den Bauch fragen.

Sie staunen nicht schlecht, daß er der König von dieser Gegend ist, und finden ihn eigentlich ganz nett.

Nach einem launigen Plausch entläßt er die drei mit der Bitte, doch auf dem Rückweg noch mal reinzuschauen und ihm die Adresse des neuen Königs zu geben. Er wolle ihm gelegentlich dann alles zeigen. Den Palast und so, und wie der Laden so läuft. Das Regieren sei ja auch ein Lehrberuf, und man könne nicht früh genug anfangen, sich mit den Gegebenheiten vertraut zu machen. Und so.

Das leuchtet den dreien ein, und sie sagen: »Wird gemacht.« Sie fühlen sich echt auch ein bißchen geehrt. Sie gehen los. Tagelang immer dem Stern hinterher, bis er nicht mehr wackelt. »Ist schon ein duftes Gefühl«, sagen sie. »Kommt gut.« Sie meinen den Stern und alles.

Der steht jetzt nämlich direkt auf dem Giebel eines Hauses und tut so, als wäre er die Verzierung. Irre.

Von den Räumlichkeiten im Innern sind sie dann doch wieder ein bißchen enttäuscht. Wie bei Königs sieht das nicht gerade aus. Man hat ja den Vergleich. Und von wegen Autogramm ist natürlich auch nichts, denn der König ist ein Baby und kann vermutlich noch gar nicht schreiben. Hätten sie sich auch denken können. Aber na ja.

Sie packen die Geschenke aus und rutschen, wie sich's gehört, auf den Knien rum. Einer legt seinen Goldklumpen direkt in die Wiege, dem kleinen König auf den Bauch. Aber als aus der Wiege so komische Geräusche kommen und er den vorwurfsvollen Blick der Mutter bemerkt, nimmt er das Geschenk lieber schnell wieder raus.

»Der Geburtstagstisch ist hier«, sagt er mit einem verlegenen Lächeln und legt das Gold auf den Boden. Die andern beiden kramen auch ihre Geschenke aus den Taschen. Myrrhe und Weihrauch. Der mit dem Weihrauch zündet gleich mal ein bißchen davon an. Falls die hier nicht wissen, wie das geht. Unter allgemeinem Gehuste und Gedienere trollen sie sich wieder. Weihrauch verträgt nicht jeder.

Maria lüftet erst mal und löscht das kleine Feuerchen. Draußen muß sich der eine Sterndeuter kurz hinsetzen, denn ihm ist ganz schön schwummrig geworden. Während ihm die andern beiden Luft zufächeln, halluziniert er ein bißchen, und dann geht es schon wieder.

»Uff«, sagt er beim Aufstehen, »jetzt aber nichts wie heim. Übrigens, Freunde, wir nehmen die Umgehungsstraße. Dieser Herodes ist link.«

»Woher willst'n das wissen?« fragen die Freunde erstaunt.

»Wurde mir eben auf halluzinatorischem Wege mitgeteilt.«

Alles klar. Sie richten es so ein, daß Herodes nichts von ihrer Vorbeikunft spitzkriegt, und irgendwann sind sie wieder zu Hause im Osten.

Staffette *[Luk. 2,21–40]*

In der Gegend ist es üblich, kleine Jungs zu beschneiden. Das macht man genau acht Tage nach der Geburt, und zwar im Tempel. Der Tempel von Bethlehem hat eine ganz besondere Attraktion zu bieten. Seit Jahren sitzt ein alter Mann darin und weigert sich rauszugehen. Der Mann ist steinalt, denn er weigert sich auch zu sterben. Er sagt: »Wenn der Messias hier reinkommt, geh' ich raus, und zwar mit den Füßen zuerst. Aber vorher nicht.« Er heißt Simeon.

Als nun die junge Familie in den Tempel kommt, springt der Alte auf, streichelt Jesus über das Köpfchen und sagt: »Schön, daß du da bist, Messias, dieser Tempel hängt mir zum Hals raus.« Und fällt um.

Maria und Josef wollen sich gerade wundern, woher der Mann das alles weiß, da kommt eine alte Prophetin aus der Ecke, stellt sich als Hanna vor und sagt, auch sie lungere schon seit Ewigkeiten hier herum, um den Messias zu sehen. »Ist ja toll«, sagt sie und segnet den Kleinen.

Die Big Abhaue *[Matth. 2,13–15]*

Am nächsten Morgen liegt Josef flach wg. Weihrauch. Seit Tagen spielt er mit dem Zeug rum, obwohl er es nicht verträgt. Es riecht aber so gut. Die halluzinatorische Erscheinung, die ihn besucht, kommt ihm irgendwie bekannt vor. »Bist du vielleicht irgendwie verwandt mit dem Sekundanten vom Heiligen Geist?«

Die Halluzination sagt: »Ich bin halt auch ein Engel. Wir sehen uns alle ein bißchen ähnlich. Das bringt der Beruf so mit sich. Jetzt hör mir mal zu. Wenn du gleich wieder zu dir kommst, dann nimm das Kind und deine Frau und laß die Sohlen qualmen. Haut ab bis mindestens Ägypten. Dieser Herodes will dein Kind umbringen.«

»Das glaubst du doch wohl selber nicht.«

»Josef«, sagt der Engel und gähnt, »mir wurde schon hinterbracht, daß du immer alles besser weißt, aber jetzt wird nicht rumgeplänkelt. Du tust, was ich dir sage, und wartest in Ägypten, bis ich mich wieder melde. Wenn dir die Zeit zu lang wird, kannst du ja was Weihrauch schnüffeln. Dann halluzinierst du mich herbei, und ich sag' dir, was so anliegt. Alles klar?«

»Aye, aye, Sir.« Josef wacht auf.

»Pack die Windeln, Süße, wir verzischen uns.«

Maria widerspricht nicht. Sie kennt seinen Tonfall, wenn es ernst wird. In fünf Minuten steht sie reisefertig da.

Und ab geht's nach Ägypten.

Wenn Josef gelegentlich zum Weihrauchtelefon greift, dann beruhigt ihn der Engel jedesmal und sagt, es gäbe noch nichts Neues. Man müsse eben warten, bis Herodes stirbt. So was dauert.

Befehl ist Befehl *[Matth. 2,16–18]*

Herodes ist nicht bloß ein Ungustl. Er ist ein echter Widerling. Ein Typ, vor dem sich das eigene Spiegelbild fürchtet. Dumm und grausam.

Dumm, weil er allen Ernstes glaubte, diese Sterndeuter hätten nichts Besseres zu tun, als ihm stantepede sämtliche personenbezogenen Daten des Neugeborenen vorbeizubringen, und grausam, weil er, als er langsam kribbelig wird, Plan B in Angriff nimmt.

Plan A war, den neugeborenen Konkurrenten einfach umzubringen. Plan B ist, alle Knaben in etwa seinem Alter umzubringen. Er wird dann schon dabei sein. Alle umbringen. Einfach so.

Er gibt den Befehl, und seine ebenso dummen und ebenso grausamen Soldaten führen ihn peinlich genau aus. Einfach so. Befehl ist Befehl.

»Ist schon unschön«, sagen sie, »aber was soll man machen? Wenn's der Staatserhaltung dient?«

Die Big Heimkomme [Matth. 2,19–23]

Bis Josef von dieser Geschichte erfährt, vergeht einige Zeit. Maria sagt er nichts davon, denn er will ihr keine Sorgen machen. Sie hat schon genug am Hals. Seit sie hier in Ägypten sind, schlagen sie sich so durch. Maria versorgt das Kind, und er nimmt Gelegenheitsjobs an. Was sich so bietet. Mal hier eine Haustür hobeln und mal da oder dort ein Schränkchen schmirgeln. Es geht ihnen nicht besonders.

Diese Ägypter sind auch nicht das Gelbe vom Ei, und Josef kriegt immer mehr Heimweh. So oft er sich traut, ruft er den Engel an, aber irgendwann ist der Weihrauch alle, und neuen können sie sich nicht leisten. Sandalen für Jesus sind wichtiger.

Das letzte Gespräch mit dem Engel hat den heimwehkranken Josef sogar ein bißchen getröstet. Der Engel sagte: »Komm, Alter, jetzt dreh mal nicht durch. Geh sparsam mit dem Goldklumpen um und nimm's leicht. Hat eh keinen Zweck, daß du hier alle naslang anrufst. Ich hab' den Zettel hier ganz oben liegen, und sobald dieser Herodes weg ist vom Fenster, melde ich mich.«

»Aber wie lang geht denn das noch?«

»Jetzt sei doch nicht so'n Quälgeist«, sagte der Engel. Im Laufe der Zeit hat er Josef richtig liebgewonnen, daher die Geduld. »Wir sind 'ne große Firma, ich kann meine hochbezahlte Zeit nicht mit dir allein verplempern. Wart's ab. Don't call us, we call you, O. K.?«

»O. K.«, sagte Josef resigniert, »hat ja wirklich kein Zweck.«

Jahre vergehen.

Über eine Zeitarbeitfirma hat Josef einen Job beim Bau bekommen. Gerade ist er dabei, einen Dachstuhl restaurieren zu helfen. Ganz krumm liegt er unter einem alten Balken und versucht, einen fauligen Bolzen rauszupfriemeln. Eine Sauarbeit.

Die ägyptischen Kollegen, mit denen er arbeitet, sind eigentlich ganz nett, nur haben sie die blöde Angewohnheit, ihn immer mal zu hänseln. Weil er nicht von hier ist. Das macht man eben so unter Kollegen, sagen sie. Gerade zwinkert Ramses, die Betriebsnudel, eine Stimmungskanone übelster Sorte, den anderen zu und legt die Hände trichterförmig an den Mund.

»Josef, Telefon«, ruft er mit verstellter Stimme.

»Tele ...?« Bumm! Josef knallt mit dem Kopf an den Balken und liegt flach. Ohnmächtig. Die Kollegen rennen hin und kümmern sich um ihn. Ramses ist ganz blaß um die Nase. »Das hab' ich doch nicht gewollt. Das war doch bloß 'n Jux. Was legt'n der sich gleich auf die Fresse? Es gibt doch gar kein Telefon. Was soll'n das überhaupt sein, ein Telefon?« Unglücklich stammelt er vor sich hin und zupft die anderen am Ärmel. Die sehen ihn nur an und sagen: »Blödmann.«

Josef bekommt von der ganzen Aufregung nichts mit. Er liegt nur da und träumt. Sogar was Schönes. Vor ihm steht nämlich der Engel und hat eine gute und eine schlechte Nachricht. »Welche willst du zuerst hören?« fragt er.

»Sag schon.«

»Also, die schlechte zuerst: Wenn du aufwachst, hast du 'ne ordentliche Beule am Spachtel. Das ging nicht anders zu machen. Du weißt ja, die Kommunikationstechnologie ist noch nicht so, wie man eigentlich, den modernen Anforderungen entsprechend ...«

»Ist doch *wurscht*«, unterbricht Josef, »komm endlich zur Sache.«

»Also, die gute Nachricht.« Der Engel räuspert sich und legt los: »Ich freue mich besonders, auch im Namen der Geschäftsleitung und aller Mitarbeiter ...«

»Mann«, schreit Josef, »jetzt mach doch *halblang!*«

»Alsdann, kurz und gut: Herodes hat den Löffel geschmissen. Ihr könnt nach Hause.«

»Yippieeh!« Josef versucht den Engel zu küssen, aber der hat schon so was geahnt und sich rechtzeitig entmaterialisiert. Der Kuß geht in die Luft. Josef wacht auf.

Er faßt sich vorsichtig an die Beule und sagt: »Kollegen, das war's. Ich mach' mich auf die Felgen. Tschau, und weiterhin noch frohes Schaffen.« Und geht.

»Bist du etwa rausgeflogen?« Maria hat ein ungutes Gefühl, als er am hellichten Nachmittag hereingestapft kommt.

»Nein, Süße, pack die Sachen. Wir können endlich nach Hause.« Und zu Jesus gewendet, sagt er: »So, mein

Kleiner, schmeiß die Schulbücher weg, und zieh dir was Warmes an. Wir machen einen ganz tollen, langen Spaziergang.«

Jesus ist begeistert. Er ist noch nie aus diesem ägyptischen Kaff herausgekommen.

Genauso schnell wie damals in Bethlehem hat Maria alles Nötige beisammen, und als die Sonne untergeht, ist es schon gar nicht mehr so weit bis zur Grenze.

Am nächsten Morgen um halb neun kommen sie an einem Schild vorbei, auf dem steht: ›Auf Wiedersehen im sonnigen Ägypten.‹ Und nach zweihundert Metern das nächste: ›Willkommen im sonnigen Judäa.‹ Manchmal singen sie ein bißchen.

An einem Rasthof stellt sich Josef zu ein paar Vertretern, die darauf warten, daß ihre Kamele vollgetankt werden. Sie kommen miteinander ins Gespräch. Josef fragt beiläufig: »Wer regiert'n eigentlich jetzt? Ich war nämlich 'ne Weile im Ausland.«

»Ach«, sagen die Vertreter, »Herodes ist ja futsch. Jetzt haben wir seinen Sohn, der heißt Archelaus.«

»Arge Laus?«

»Heh, paß auf, Mann.« Die Vertreter kichern in sich rein, aber sie sehen sich dabei nach allen Seiten um. »Mach keine Witze. Wenn der nur ein bißchen nach seinem Vater schlägt, dann hat er wenig Humor und viele Spitzel. Also hüte deine Zunge.«

O weia, denkt Josef, wenn der genau so ein Monster wie sein Vater ist ...? Er verabschiedet sich von den Vertretern und geht zu Maria und Jesus, die an der Straße auf ihn warten. Sie marschieren weiter.

»Wie lang spazieren wir denn jetzt dann noch?« fragt Jesus. Ihm tun die Füße weh, und soo lang hat er sich den tollen Spaziergang nun auch wieder nicht vorgestellt.

»Bis Galiläa«, sagt Josef, »wenn dir das was sagt.«

»Wie weit ist das?«

»Komm, sei still, Sascha«, sagt Maria, »wir kommen schon hin.«

Daß die Erwachsenen aber auch nie eine vernünftige Antwort geben können. Immer schmuggeln sie sich am Thema vorbei. Jesus sagt: »Ich hab' nicht gefragt, ob, sondern wann, und außerdem, nenn mich nicht immer Sascha. Ich heiße Jesus.«

Maria fühlt sich überfordert. Sie weiß doch auch nichts Genaues. Hilflos sieht sie zu Josef hin. Der zuckt mit den Schultern und sagt: »Quatsch nicht, latsch lieber. Wenn wir in Nazareth sind, dann wirst du das schon merken.«

»Nazareth?«

»Da gehen wir hin, mein Kleiner.«

Zu Maria gewandt sagt er: »Wenn der Junge schon einen Spitznamen braucht, dann nenn ihn doch wenigstens Eddi. Sascha klingt ja nun wirklich unmännlich. So wollte ich auch nicht heißen.«

»Jesus«, sagt Jesus. »Ich heiße Jesus.«

Josef hat den Jungen schon verdammt gern. Obwohl es gar nicht seiner ist. Der Kleine ist in Ordnung, denkt er manchmal bei sich. Voll in Ordnung ist der.

Talent zum Beruf *[Luk. 2,41–52]*

Ach, ist das schön, wieder zu Hause zu sein. Nazareth hat sich kaum verändert, sogar die alte Werkstatt kann Josef wieder beziehen. Die meisten Leute erinnern sich noch daran, daß er immer gute Arbeit ablieferte, und so ist das Auftragsvolumen bald wieder auf dem alten Stand. Es reicht sogar, jedes Jahr zum Passafest nach Jerusalem zu fahren. Mit einer Reisegesellschaft.

Einmal auf dem Rückweg nach Nazareth fehlt Jesus plötzlich. Zuerst machen sich die Eltern wenig Sorgen, denn die Reisegesellschaft ist nett, und sicher tollt er mit anderen Kindern weiter hinten im Bus. Als er abends aber noch immer nicht aufgetaucht ist, bekommen es die beiden doch mit der Angst zu tun. Erst suchen sie alles nach ihm ab, dann steigen sie aus und gehen zu Fuß nach Jerusalem zurück.

Es dauert drei volle Tage, bis sie ihn endlich gefunden haben. Er sitzt im Tempel und unterhält sich mit den weisesten Lehrern.

Maria schlägt die Hände über dem Kopf zusammen und sagt: »Warum tust du uns so was an? Uns bricht fast das Herz vor Sorge, und du gehst hier den Herren auf die Nerven?«

»Ganz so ist das nicht, gnä' Frau«, sagt einer der Lehrer. »Im Gegenteil, ich möchte Sie zu diesem Sohn beglückwünschen. Er ist klüger und weiser als mancher von uns. Es war uns eine reine Freude.«

Jesus geht willig mit nach Hause, und die Rabbis verabschieden ihn freundlich. »Mach's gut, junger Mann«, sagen sie.

Ein Talent erkennt ein Genie *[Matth. 3,1–12/Luk. 3,1–18]*

Eine recht seltsame Figur macht in diesen Tagen von sich reden: ein gutgekleideter Mann, ganz in Kamelhaar, mit einem echten Ledergürtel um den Bauch und ziemlich verfilzten Haaren. Es heißt, er äße Heuschrekken und wilden Honig. Ziemlich eklig, sagen die einen, und Diät ist Diät, die andern. Jedenfalls steht dieser Mann nun plötzlich in der Wüste von Judäa und schreit: »Kehrt um, ihr verlotterten Pfeifen, es gibt noch bessere Ideen, als den lieben Gott 'n guten Mann sein lassen!«

»Was ist denn das für einer?« fragen manche, »der sieht ja grauslich aus.« Und sie finden ihn auch ziemlich degoutant.

»Das müßte eigentlich dieser Täufer sein«, sagen die Sachkundigen und schlagen in den Prophezeiungen nach.

»Ja, stimmt, hier steht es, Jesaia sagt: ›Es ist eine Stimme in der Wüste; bereitet den Weg des Herrn.‹ Und dann heißt es hier noch, daß ein geologischer Umbau stattfinden soll, Berge runter, Täler rauf und so was alles.«

»Und das ist der?« fragen die, die den Mann degoutant finden. »Wie heißt er denn?«

»Johannet der Täufer«, sagt einer der Sachkundigen.

»Wie?« fragen die andern.

»Johannet. Ich hab' Tnupfen.«

»Johannes der Säufer?«

Da mischt sich ein anderer ein: »Der Täufer. Er heißt Johannes der Täufer.«

Besonders sauber ist der Mann ja wirklich nicht, aber irgendwas muß an ihm dran sein, denn wie das so geht: Er kommt in Mode. Immer mehr Leute laufen zu ihm hin und lassen sich taufen. Wenn man schon mal einen Täufer in der Gegend hat, man wär' ja dumm. Das muß man doch ausnutzen. Wer weiß, wann mal wieder so einer vorbeikommt. Nachher ärgert man sich.

Das Taufen selbst ist ein bißchen unangenehm. Man muß seine Sünden bekennen, das ist schon mal peinlich vor all den Leuten. Sind ja auch Geschäftskollegen, Vermieter und Leute vom Finanzamt unterwegs. Und dann drückt er einem auch noch den Kopf unter Wasser. Und wenn man Pech hat, schwimmt einem ein Fischlein durch die Ohren. Brrr.

Aber alle machen's, da macht man's eben auch.

Innerhalb kürzester Zeit ist die Taufe sehr en vogue. Die Getauften schwärmen: »Also ich könnte nicht mehr ohne. Ich würd's jederzeit wieder tun. Es ist so *toll!*« Und die Ungetauften werden neidisch und beeilen sich, am nächsten freien Wochenende zum Jordan rauszufahren. Damit sie auch sagen können: »Also ich *könnte* nicht mehr ohne. Es ist *so* intensiv.«

Schließlich tauchen sogar Pharisäer und Sadduzäer in der Taufschlange auf. Sie tun so, als wollten sie bloß mal vorbeischauen, was da so läuft und so, aber in Wirklichkeit wollen sie natürlich auch getauft werden. Soll ja so toll sein. Als Johannes ihrer ansichtig wird, kriegt er einen strengen Blick, hebt den Zeigefinger und wackelt ein bißchen damit. Er sagt: »Ich glaub', ich seh' nicht recht. Spinn' ich, oder wollt ihr getauft werden? Was hat euch denn gebissen? Seid ihr noch ganz dicht?« und derlei Kraftworte mehr. Er redet sich richtig in Rage.

»Wollt euch wohl durchschmuggeln, wenn es demnächst ans Eingemachte geht, was? Nicht mit mir, Leute! Erst liefert ihr mir den einen oder anderen Beweis für eure Umkehr, dann sehn wir, was sich taufmäßig machen läßt. Bessert euch, dann reden wir noch mal drüber.«

Die Pharisäer und Sadduzäer tun so, als wäre das ein echt guter Witz, als fänden sie diesen Typen zum Totlachen. »Jetzt hört euch bloß den Wunderling an«, sagen sie. »Der meint doch glatt, wir wollten was von ihm. Der hat sie ja nicht mehr alle. Wir wollen gar nichts von dir, Maestro. Aber mal rein interessehalber, nur so: Wir sind doch auch Abrahams Kinder, genau wie alle die andern hier, die du so serienmäßig taufst.«

»Das hat doch mit Verwandtschaft nichts zu tun, ihr Holzköpfe«, donnert Johannes würdevoll, »es kommt auf die Einstellung an. Kapiert ihr das? Mein Auftraggeber kann jederzeit, und wenn ich sage jederzeit, dann meine ich auch jederzeit, aus diesem Stein hier ein Kind Abrahams machen. Oder sonst 'n Kind. Es geht nicht darum, ein Kind Abrahams zu sein, sondern um die Wurst. Wer nicht umkehrt, bei dem rattert's im Karton. Kapiert?«

»Alles klar, Wunderfuzzi, blas dich nicht so auf. War ja eh nur rein interessehalber. Wer will denn getauft werden. Und dann auch noch von *dir.* Geh erst mal zum Friseur. Ist doch 'n Witz, oder?«

Und die Pharisäer und Sadduzäer hauen sich auf die Schulter und lachen und johlen wie eine Bande von

Jungs, die man nicht ins Jugendzentrum reingelassen hat.

Zu den anderen, die die Szene ein bißchen betreten verfolgt haben, sagt Johannes: »Keine Aufregung, Leute, ich weiß, das waren harte Worte, aber so ist das nun mal.«

Eingeschüchtert von dieser Abfuhr, fragen einige der Umstehenden: »Wie muß man sich denn nun bessern?«

»'n Rock abgeben, wenn du zweie hast, zum Beispiel«, sagt Johannes, »oder 'n Schlag Müsli, wenn sich einer kein Frühstück leisten kann.«

»Und jetzt mal als Zöllner, was macht man da?« fragt ein Zöllner.

»Da kassiert man akkurat das, was man kassieren muß, und kein zusätzliches Denarchen für die Urlaubskasse, verstehn wir uns?«

»Ich bin Soldat«, sagt ein Soldat.

»Keine Gewalt, kein Unrecht, kein Gemecker über den Sold.« Johannes hat für jeden Beruf was. »Und weil wir grad so schön dabei sind: *Ich* taufe euch mit Wasser. Das ist mehr so symbolisch, wenn ihr wißt, was ich meine, aber demnächst kommt einer, der tauft mit dem Heiligen Geist und mit Feuer. Der ist besser als ich ...«

Die Taufwilligen unterbrechen ihn und murmeln durcheinander: »Ach, sag doch sowas nicht ..., du bist doch Spitze ..., wir wollen doch keinen andern Täufer ..., du machst das echt gut, Mann ..., Echt ... Murmel, murmel ...«

Johannes bringt sie zum Schweigen: »Ruhe! Ich habe gesagt, der ist besser, und dann ist der besser. Ihr braucht mich doch nicht zu trösten. Wo gibt's denn sowas? Ein Fachmann freut sich doch, wenn er einem Virtuosen begegnet. Ein Talent erkennt ein Genie. Ich bin es nicht wert, dem Mann die Schuhe zu putzen, so gut ist der.«

Aber die Leute verstehen ihn nicht, denken einfach, er sei zu bescheiden. Ist ja sympathisch sowas, aber so sollte er sich doch nicht runtermachen. Er macht das doch ganz prima. Einwandfrei. Soll ihm erst mal einer nachmachen. Gut getauft, ist halb geschwommen, undsoweiter. Eilig malen sie Transparente mit ›Hannes forever‹ und ›Den Klassetäufer erkennt man am Understatement‹, aber Johannes hat nichts dafür übrig.

»Der wird noch die Spreu vom Weizen trennen«, ereifert er sich. »Die Spreu ins Töpfchen, den Weizen ins Kröpfchen, wenn ihr wißt, was ich meine!«

Da rollen sie die Transparente wieder ein und denken, eine Macke hat er schon. Wenn man nett zu ihm sein will, macht er so'n Zinnober. Na ja, vielleicht muß das so sein. Vielleicht sind die großen Täufer eben so. Hochsensibel mit'm leichten Hau. Kann ja sein.

Untertauchen eins *[Matth. 3,13–17]*

Natürlich hat Johannes keinen Hau, sondern recht. Tatsächlich steht bald ein schmächtiger Mann in der Schlange. Den Ordnern, die Johannes inzwischen anstellen mußte, damit, trotz des Massenansturms, ein würdiger Ablauf garantiert werden kann, fällt er gleich auf. Dem etwas schnittlauchartigen Bartwuchs nach zu urteilen, wird er Ende zwanzig sein. Er hat der Mode entsprechend halblange Haare, ein nettes, sympathisches Gesicht und ist gekleidet, als hätte seine Mami ein Auge drauf.

Aber all das wäre normal und fiele nicht auf, denn so sehen viele junge Leute in diesen Tagen aus. Das Besondere an ihm ist, daß er, außer so einem Stoffbeutel, in dem ein Kanten Brot verwahrt ist, nichts bei sich trägt. Das ist nun allerdings sehr seltsam! Die meisten Taufwilligen haben nämlich Taucherbrillen, Schnorchel, Badekappen und kleine Fischreusen bei sich; ja sogar Taufscheine, die Johannes unterschreiben soll, damit es nachher auch geglaubt wird. Die Ordner haben alle Hände voll zu tun, den Leuten diesen ganzen Quatsch wieder abzunehmen, denn Johannes besteht auf ›nackt oder gar nicht‹. Wer über das strenge Reglement murrt oder über die Tatsache, daß er noch mal aus der Reihe treten muß und das ganze Zeug bei der Station der Rettungsschwimmer deponieren, wird beschieden, daß der Meister nach seiner Methode taufe, und wem das nicht passe, könne ja den Kopf unter einen Wasserhahn halten.

»Das ist nicht dasselbe«, sagen dann die Leute.

»Eben«, sagen dann die Ordner.

Schon am dritten Tag nach Taufbeginn war der erste fliegende Händler dagestanden und hatte Shampoo, Schwimmbrillen und Halsketten mit kleinen Angelhaken feilgeboten. Manche der Geprellten schalteten schnell und gingen, gleich nachdem sie selber ihre Accessoires ablegen mußten, mit den Ordnern durch die Reihe, um den andern Enttäuschten ihr Zeug zum halben Preis abzukaufen. Nach einer halben Stunde hatte man genügend Ware, um einen eigenen Stand etwas weiter vorne aufzumachen. Die Gewinnspannen waren astronomisch, die Schlange der Händler begann bald weit vor der der Täuflinge, und nach wenigen Tagen war sie auch ebenso lang.

Daß der Junge nun kein einziges Kinkerlitzchen bei sich trägt, kein Original-Jordantaufe-Zertifikat, keinen Button ›Getauft!‹ und kein Getaufte-tun-es-im-Stehen-T-Shirt, das unterscheidet ihn deutlich von allen. Er hat nichts als einen Kanten Brot und ein freundliches Lächeln.

»Du müßtest Jesus sein, stimmt's?« sagt Johannes, als er an die Reihe kommt.

»Kennst du mich?« fragt Jesus und wird rot.

»Hab' von dir gehört.«

»Von wem?«

»Von mir selbst, ich kann so ein bißchen in die Zukunft sehen. Freut mich jedenfalls, daß wir uns mal kennenlernen.«

Und Johannes ruft laut: »Hört her, Leute, das ist er, das ist das Lamm Gottes, er wird eure Sünden auf sich nehmen, das ist der, von dem ich erzählt habe.«

Jesus ist verlegen. Außer seinen Eltern hat bisher noch niemand irgendein Aufsehen um ihn gemacht. Damit die seltsame Situation ein Ende hat, bittet er Johannes, ihn zu taufen.

»*Du* müßtest *mich* taufen«, sagt der.

»Also wollen wir losen, oder was? Lassen wir doch die Förmlichkeiten. Tauf mich, ich hab' so im Gefühl, daß das das Richtigere wäre.«

»Na gut«, sagt Johannes, »Luft anhalten«, und schon ist Jesus unter Wasser.

Kaum ist er aufgetaucht, da flattert eine Taube im Tiefflug über die Menge und ruft: »Achtung, Achtung, eine Durchsage. Wir schalten um zu Gott.« Und nach kurzem Rauschen und Knacken sagt eine Stimme: »Das ist mein Sohn, an welchem ich Wohlgefallen habe.« Und wieder das Knacken, dann sagt die erste Stimme: »Ende der Durchsage. Wir danken für Ihre Aufmerksamkeit.«

Die zweistimmige Taube fliegt noch eine Ehrenrunde, dann zischt sie mit enormer Geschwindigkeit ab.

Das ist Jesus wirklich peinlich. Alle starren ihn an. Mit einem Witz versucht er sich aus der Affäre zu ziehen: »Na sowas«, sagt er, »das ist ja paradox. Eine sprechende Taube«.

Aber keiner lacht.

Die Eignungstests *[Matth. 4,1–11]*

»Hat mich gefreut«, sagt er zu Johannes, »man sieht sich«, und geht so schnell er kann aus der Menschentraube. Das heißt, er will, denn leider hält ihn schon nach einigen Schritten ein Kerl am Ärmel fest, dem man schon auf hundert Meter den Weihrauchschnüffler ansieht.

»Ich hab 'ne Nachricht für dich«, sagt er, »du sollst zum Testgelände kommen. Liegt in der Wüste. Zweite links und dann immer geradeaus. Erkennst es dann schon, wenn du da bist.«

»'ne Nachricht, von wem denn?« fragt Jesus mißtrauisch. Dieser Typ ist doch voll bedröhnt, so glasige Augen, wie der hat.

»Vom Heiligen Geist. Ist'n Freund von deinem Vater.«

»Von welchem denn jetzt?« fragt Jesus, denn die Durchsage der Taube hat ihn durcheinandergebracht.

»Von beiden«, sagt der Ausgemergelte, »zweite links, dann immer der Nase nach«, und verschwindet in der Menge. Nicht ohne bei dem Wort ›Nase‹ merklich zu kichern.

Im Weitergehen merkt Jesus, daß ihm der Typ mit einer Rasierklinge den Brotbeutel abgeschnitten haben muß. Da hängen bloß noch zwei überflüssige Zipfel des Bandes um seine Schulter. Diese Drogenleute, denkt er, und würde am liebsten nach Hause gehen. Als er aber nach kurzer Wegstrecke ein Schild sieht ›Zum Testgelände da lang‹, juckt es ihn doch, herauszufinden, was da los ist.

Nach einigen Stunden Fußmarsch sieht er ein Schild ›Testgelände-Fasten‹ und muß innerlich grinsen. Was gibt es schon groß zu fasten, wenn einem der Brotbeutel geklaut wurde. Das ist ja wie in dem Laden, wo der Verkäufer sagt: »Keine Bananen gibt's im Geschäft gegenüber, dürfen's auch keine Orangen sein?«

Das Testgelände ist so weitläufig wie langweilig, und Jesus schlurft so vor sich hin, da sind schon vierzig Tage und Nächte vergangen. Vierzig Tage ohne Essen. Eigentlich müßte er krank sein vor Hunger, aber wie das mit dem Fasten so ist, man kommt auf den Trip und findet's toll. Zack, da steht ein Mann vor ihm und sagt: »Hallo, ich bin dein persönlicher Tester, die Geschäftsleitung hat mich beauftragt, deine Betreuung zu übernehmen. Eine Pflicht, der ich gerne nachgekommen bin.«

»Sie sind der Teufel, stimmt's?« fragt Jesus.

»Tester, nenn mich Tester, mein Junge. Mein Beruf

ist eine Dienstleistung, wie jede andere. Im übrigen fänd' ich's lockerer, wenn wir uns duzen würden. Ich meine, hier draußen, am Arsch der Welt, haha, und unter uns Pastorentöchtern, was? Keine Förmlichkeiten, was? Haha, alter Junge, was?«

»Duzen Sie mich, wenn Sie möchten«, sagt Jesus, »ich möchte lieber beim ›Sie‹ bleiben. Irgendwie sind wir beide doch sowas wie Kontrahenten.«

»Kontrahenten?« der Tester grinst, »das ist doch alles *ein* Laden. Ein *einziger* Konzern ist das. Wenn du mal die Geschäftsleitung hast, dann staunst du, wer alles für dich arbeitet, Kontrahenten, ich könnt' mich ja grad totlachen.«

Aber Jesus läßt sich nicht belabern. Er hat schon mit sowas gerechnet. »Das ist schon der erste Test, stimmt's? Sie wollen mich auf die Probe stellen.«

»Eigentlich nicht«, sagt der Tester, »aber da du gerade davon sprichst, wie sieht's denn bei dir mit Kohldampf aus. Jetzt könnt' ich auch einen Happen verputzen, was, alter Junge?«

»Kohldampf?« Jesus kennt das Wort nicht. Nazareth ist eine Kleinstadt, und er kommt aus einer anständigen Familie. Da spricht man nicht so berufsjugendlich daher.

»Essen, alter Junge«, der Tester reibt sich die Hände wie ein Kaschemmenwirt, »Spachteln, Happa-Happa, Mangiare, verstehst du?«

»Und, was soll damit sein?«

»Na, als Gottes Sohn kannst du doch eben mal paar Steine in Brot verwandeln. Fänd' ich irgendwie anständig von dir. Ich hab' auch schon den ganzen Vormittag hinter mir.«

»Der Mensch lebt nicht vom Brot allein«, sagt Jesus, ohne den Tester dabei anzusehen, »sondern von jedem Wort Gottes.«

»Na, Thema verfehlt, würd' ich sagen«, meint der Tester gutgelaunt, »aber für die fixe Antwort kann ich dir einen Punkt geben.«

Er schnappt Jesus um die Hüften, und sie fliegen in die Heilige Stadt. Obwohl ihm die enge Berührung dieses wendigen Mannes ein bißchen unangenehm ist, könnte Jesus doch jauchzen vor Begeisterung. Das Fliegen ist sagenhaft schön. Aber er beherrscht sich. Der Mann soll nicht glauben, daß er ihn schon um den Finger gewickelt hätte, bloß wegen dem bißchen Sightseeing.

Sie landen auf einem hohen Turm, und der Tester macht Jesus den Vorschlag, in die Tiefe zu fallen. Wenn er wirklich Gottes Sohn sei, lande er nicht auf der Fresse, sondern werde von Engeln oder solchem Zeug gefangen.

»Testen Sie mich oder meinen Vater?« will Jesus wissen. Die Sache fängt schon an, ihn zu amüsieren.

Der Tester scheint verärgert: »Ihr jüdischen Intellektuellen seid doch ein ausgesprochen anstrengender Haufen. Immer Tricks und Gegenfragen. Kriegst du von irgendwo eine Rabulistenzulage?«

Wieder faßt er Jesus um die Hüfte, und bei der nächsten Landung sind sie auf dem Gipfel eines Berges, von wo aus man den besten Überblick auf die ganze Welt hat.

»So, alter Junge«, sagt der Tester, »ich mach' dir jetzt ein Angebot. Das alles, was du hier siehst, gehört dir, wenn du mich bloß zwei Minuten wie einen Chef behandelst. Möchte auch mal wissen, wie das ist, Chef sein. Mein ganzes Leben lang war ich Tester und werd's wohl nicht mehr weiter bringen als bis zum Obertester. So richtig Chef sein wie dein Alter, das ist mein Traum. Zwei Minuten, alter Junge, überleg's dir gut, zwei Minuten und dann: Geld, Gold, ein sorgenfreies Leben; Wein, Weib, Gesang; Reiten, Schwimmen, Radfahren; was du willst, alter Junge, was immer du willst.«

»Sie müssen beknackt sein«, lacht Jesus, »was soll denn das werden? Ein Vorschuß auf mein Erbe vielleicht? Ich sag' Ihnen eins, alter Junge, die Hoss-Cartwright-Nummer können Sie auch abhaken. Dies-alles-wird-einmal-dir-gehören-mein-Sohn, ist nicht. Ich lach' mich nämlich gleich kaputt.«

»Für sowas macht man Überstunden«, grollt der Tester und fliegt von dannen in den rosa Abendhimmel.

»Nichts für ungut, alter Junge, was?« ruft Jesus in den schwefligen Kondensstreifen und setzt sich, um die Aussicht zu genießen.

Kaum ist der Abgasgestank verflogen, kommt schon eine fröhliche Gruppe von Engeln über den Rand des Hochplateaus geklettert. Sie tragen Unmengen von Speisen und Getränken sowie Musikinstrumente und allerlei Gesellschaftsspiele bei sich.

»Wir sind der himmlische Partyservice«, sagt einer von ihnen zu Jesus, »und freuen uns, Ihnen, Herr Jesus, in Anerkennung Ihres Stehvermögens, im Auftrag und mit Grüßen der Geschäftsleitung ein kleines Bergfest ausrichten zu dürfen. Gute Unterhaltung.«

Und bis spät in die Nacht gibt es Tanz und kleine Sketche, Getränke und Essen bis zum Abwinken und allerlei Vergnügungen mehr auf dem Gipfel des Berges.

Kopf und Kragen *[Luk. 3,19–20]*

Unterdessen hat Johannes echte Schwierigkeiten. Der Fürst der Gegend wurde von ihm darauf hingewiesen, daß es höchstens die zweitfeinste Art ist, des eigenen Bruders Frau auszuspannen, was den Fürsten ergrimmte und seine Frau auf hundertachtzig brachte. Und Johannes in den Knast.

Galiläa unsicher machen *[Matth. 4,12–17]*

»Hey, ich bin der Sohn von Gott«, sagt Jesus fröhlich, als er zu Hause in Nazareth ankommt. »Wo hast du denn *den* kennengelernt, Mami?«

»Ich möchte nicht darüber sprechen«, sagt Maria, aber es klingt nicht unfreundlich.

Einige Wochen vergehen, Jesus hilft wie immer in der Werkstatt seines Vaters, die beiden verstehen sich gut, und das Sägen, Hobeln und Schmirgeln geht so flott von der Hand wie eh und je. Eines Tages sagt Josef so mittenrein in die Arbeit, daß Jesus sich fast vor Schreck einen Finger abgehobelt hätte: »Du weißt Bescheid, Junge?«

»Ja, Paps.«

»Und was wirst du jetzt tun?«

»Ach, Paps, am liebsten bliebe ich hier und würde so weitermachen wie bisher, aber ich hab' das Gefühl, ich sollte Konsequenzen ziehen. Irgendwas aus der Sache machen. Verstehst du?«

»Versteh' ich, Eddi. Du bist ein anständiger Junge, um dich hab' ich keine Angst. Geh nur, wohin du gehn mußt. Es wird schon richtig sein.«

»Danke, Paps«, Jesus hat einen richtigen Kloß im Hals, »aber eins noch, Paps ...«

»Was denn, mein Junge?«

»Jesus heiße ich, Jesus. Nicht Eddi.«

»Schon klar«, sagt Josef und sägt, was das Zeug hält, an einem Holzpflock herum, der eigentlich gar nicht zersägt werden müßte. Jesus räumt sein Handwerkszeug ordentlich ein und steht dann unschlüssig in der sägemehlbestäubten Tür.

»Was ist denn noch?« raunzt Josef, der sich noch immer gern in Ruppigkeiten flüchtet, wenn schwierige Situationen ihm die Kehle einschnüren.

»Nichts. Tschau, Paps«, sagt Jesus und geht.

»Tschau, Jesus«, sagt Josef. Und sägt und sägt und sägt.

Jesus zieht nach Kapernaum. Das ist eine Studentenstadt, da ist was los. Nicht so ein verschlafenes Nest wie Nazareth. Unter den Studenten verbreiten sich auch Nachrichten schneller, und so erfährt er bald, daß Johannes der Täufer verhaftet wurde. Da muß man doch was tun dagegen, denkt er und fängt an, in den Kneipen, bei den Seeuferpartys und auf den Marktplätzen der Umgebung zu verkünden: »Kehrt um, so geht's nicht weiter!«

In diesen Tagen ist Jesaja ein gern gelesener Prophet, und der hat schon vor Jahren geschrieben, daß es so kommen würde. Zwar hat er nicht gerade Kapernaum gesagt oder Seeuferparty, aber daß da einer käme und daß der das Licht sei, das war voll auf Jesus gemünzt.

Kumpels [Matth. 4,18–22/Luk. 5,1–12/Joh. 21,1–11]

Die Leute sind verrückt nach Lehrern und Propheten. Wenn einer ein bißchen selbstbewußt ist, ordentlich aussieht und sich flott ausdrücken kann, dann hat er sofort eine Jüngerschar um sich. Die Prediger und Seher sind bei Festen und Vergnügungen, bei Hochzeiten und Beerdigungen oft sogar beliebter als die Musikkapelle.

Eigentlich hat Jesus vorgehabt, es erst mal langsam angehen zu lassen mit seinem neuen Beruf als Gottes Sohn. Schließlich will das bestimmt genauso gelernt sein wie das Bauschreinerhandwerk. Aber sein Erfolg bei den Studenten und bald auch bei den Bürgern von Kapernaum verselbständigt sich derart, daß ihm keine Zeit zum Lernen bleibt. Er muß gleich ins kalte Wasser springen. Er hat Charisma. Charisma ist etwas, das man spürt, aber nicht erkennt. Charisma ist, wenn die Leute auf einen gewartet haben. Charisma ist auch, wenn die Mädchen sagen: »Der Typ sieht nicht aus und hat keinen Schekel auf der Naht, aber ich würde meine komplette Aussteuer dafür hergeben, daß er mir einmal zuzwinkert.« Und daß die Männer sagen: »Mein neuer Rabbi heißt Jesus. Kennst du den? Der ist unheimlich gut. Echt. Er hat so was, so irgendwie, ich weiß auch nicht, wie ich es beschreiben soll, aber der Mann hat einfach Druck. Verstehst du? Der haut total rein. Du verträgst eine Woche lang keinen Schnaps mehr, wenn er dir die Leviten gelesen hat. Weiß auch nicht, wie ich das erklären soll. Der Mann kommt einfach tierisch gut.« So ist das mit dem Charisma.

Und dabei ist Jesus überhaupt nicht arrogant. Meist, wenn er eine Rede gehalten hat, bietet man ihm ein Pfeifchen Tabak, Wein, Essen und Geld an, denn die Leute wollen, daß es ihren Rabbis gutgeht. Das ist man sich schuldig, finden sie. Aber Jesus nimmt immer nur, soviel er gerade verputzen kann, nie auf Reserve oder für schlechte Zeiten. Andere Rabbis stecken sich schon mal eine Zigarre hinters Ohr, paffen die zweite und bunkern die nächsten drei im Brotbeutel. Nicht so Jesus. Wenn man ihn darauf anspricht, wenn man zum Beispiel sagt: »Nimm doch, Rabbi, ich geb's gern, und deine Rede war auch wieder vom Feinsten«, dann sagt er nur: »Laßt gut sein, Leute, ist einfach ehrlicher so.« Und das finden sie dann auch.

Jedenfalls ist es schon bald so weit, daß Jesus den ganzen anfallenden Bürokram und auch das Redenschreiben, die Reiseplanung, Behördengänge, Post und Buchhaltung auf keinen Fall mehr alleine schafft. Er braucht Leute, die ein bißchen mit anpacken. Als er eines Nachmittags zur Entspannung am See entlanggeht, sieht er zwei Brüder. Daß sie Brüder sein müssen, zeigen ihre Nasen. Beide haben fast denselben rübenförmigen Sympathiekolben im Gesicht. Anscheinend sind sie Fischer, denn sie werfen gerade ein Netz aus.

»Hey«, sagt Jesus.

»Hey«, sagen die Brüder.

»Job gut?« fragt Jesus.

»Geht so, muß halt!« antworten die Brüder.

Die Antwort klingt deshalb so mürrisch, weil sie den ganzen Tag noch nichts gefangen haben. Gerade wollen sie die Netze einpacken, da sagt Jesus, sie sollen sie noch einmal auswerfen.

»Was soll der Quatsch, bist doch kein Fischer«, sagen sie.

»Werft sie aus«, sagt Jesus ruhig.

Sie tun es, und ›Prratsch‹ sind die Netze voll. Die beiden haben alle Hände voll zu tun, um den exorbitanten Fang ins Boot zu bekommen. Wahnsinn.

»Noch Zweifel?« sagt Jesus und schlägt ihnen vor, was Besseres zu fischen als bloß Fische, nämlich Menschen. Da fragen sie ihn mißtrauisch:

»Vertreter, oder Showgeschäft?«

»Eher Showgeschäft.«

Da sind sie begeistert, denn Simon, den Jesus gleich Petrus nennt, wegen des felsenähnlichen Nasentrümmers über seinem Bart, steppt leidenschaftlich gern, und sein Bruder Andreas kann ganz gut Mandoline. Daß er die beiden eher für eine Stabsfunktion vorgesehen hat, sagt Jesus erst mal nicht. Er will ihnen ja nicht von vornherein den Schwung nehmen.

Als die Brüder ihr Zeug verstaut haben, geht man zusammen los, und nach kurzer Zeit begegnet das Trio noch zwei Brüdern.

»Hallo, Nasen«, rufen die. Auch sie sind Fischer, Jakobus und Johannes, und sie flicken gerade, zusammen mit ihrem Vater Zebedäus, ein paar angegammelte Netze. Schnell ist man einig, denn sie hatten auch schon immer was Besseres vor, als Fische zu fangen.

»Das schaffst du schon alleine, Chef«, sagen sie zu ihrem Vater und lassen ihn einfach sitzen. Der scheint nicht so begeistert zu sein, aber für eine große Sache muß man eben Opfer bringen.

Im Weitergehen diskutieren Petrus, Andreas, Johannes und Jakobus, wer den Baß spielen soll. Petrus fällt aus, denn als Stepper steht ihm das Schlagzeug zu. Andreas ist auch schon festgelegt, er macht Mandoline und vielleicht auch Gitarre, wenn er eine günstige kriegt. Johannes will singen, und das geht nicht gut mit dem Baß zusammen, und Jakobus hat überhaupt keine Lust auf ein Saiteninstrument. Lieber Orgel oder so. Oder Management.

»Wir gründen keine Band«, sagt Jesus, der sich den Streit eine Weile angehört hat.

»Ja, was denn dann, ein Kabarett vielleicht?«

»Nein«, sagt Jesus bestimmt, »was wir vorhaben, geht eher so ins Sozialpsychologisch-Medizinische. Wir machen eine Art Aufklärungskampagne.«

Die vier Jünger protestieren nur wenig, denn in ihrem Alter findet man alles gut, wenn man nur von zu Hause wegkommt, was von der Welt sehen kann und kein spießiges Handwerkerleben führen muß.

Es geht los *[Matth. 4,23–25]*

Nach ein paar Tagen, als sie die ersten Reden von ihm hören, die hingerissenen Menschenmassen sehen und die ganze Aufbruchsstimmung um Jesus, da merken sie, was für ein Kaliber ihr neuer Chef ist. Die anfängliche Enttäuschung, daß man keine Band aufmachen wird, verfliegt und weicht einer hingebungsvollen Begeisterung für diesen hochtalentierten und berühmten Rabbi.

In ganz Galiläa ziehen sie umher, die Jünger machen Ordnerdienste und Management, und Jesus hält seine Vorträge in Synagogen und auf Marktplätzen. Nach den Vorträgen heilt er die Kranken und Leidenden, und sein Ruhm verbreitet sich in Windeseile über ganz Syrien. Besessene, Mondsüchtige und Gelähmte verarztet er derart souverän, daß sich immer größere Scharen von Leuten aus Galiläa, Dekapolis, aus Judäa und Jerusalem und der Gegend jenseits des Jordan ihm anschließen. Bald ist ein kilometerlanger Troß hinter ihm und den Jüngern her, und eines Tages sagt Jesus: »Jetzt sollten wir mal ans Grundsätzliche gehen.«

Das Grundsatzprogramm *[Matth. 5,1–2]*

Er sucht sich einen Berg, von dem aus er zu den Leuten sprechen kann. Seit der Sache mit dem Teufel mag er Berge besonders gern. Außerdem, für diese Menge an Zuhörern reicht kein Stadion, da muß es schon was Größeres sein.

Schließlich ist ein ansprechender Berg aufgetrieben, und Jesus stellt sich drauf. Die Jünger scharen sich um ihn, und die Zuhörer auf den billigeren Plätzen packen ihren Proviant aus.

»Leute«, sagt Jesus, »das kann jetzt ein bißchen länger dauern. Dies hier wird keine Zwanzig-Minuten-Rede, denn für das, was ich sagen will, muß ich schon ein bißchen ausholen. Also habt Geduld, und stellt eure Fragen nicht durcheinander. Die Diskussionsleitung wird unser Petrus hier übernehmen, er registriert eure Wortmeldungen. Anträge zur Geschäftsordnung bitte dadurch kennzeichnen, daß ihr beide Hände in die Luft streckt. Alles klar?«

»Alles klar!« ruft die Menge.

Selig *[Matth. 5,3–12/Luk. 6,24–26]*

»Gut, hört her«, sagt Jesus. »Zuerst mal erkläre ich euch, wer selig ist und wer nicht: Selig sind erst mal die Armen, denn für sie wurden die besten Plätze im Himmel reserviert; Selig sind des weiteren die Bekümmerten, sie werden ab jetzt getröstet; Selig sind die Sanftmütigen, sie bekommen die Erde zugesprochen. Ja, ich weiß, das klingt nicht sehr logisch, aber diese Reform ist zu komplex, als daß gleich alles auf den ersten Blick gut aussehen könnte. Weiter geht's: Selig sind die, die gern Gerechtigkeit hätten, sie kriegen Gerechtigkeit. Und die Barmherzigen werden ihrerseits barmherzig behandelt. Und die Reinherzigen werden Gott sehen. Selig sind auch die, die man schräg anmacht, verfolgt oder quält, weil sie mir nachfolgen. Erstens sind sie mit den Propheten in bester Gesellschaft, und zweitens ist auch für sie die Platzreservierung im Himmel schon abgeschlossen.

Weniger selig, das heißt sogar ausgesprochen schlecht dran sind ab jetzt die Reichen, die Satten, die Raffer und die Hochgelobten, denn es geht jetzt halt mal andersrum.«

»Und jetzt ans Eingemachte, das ist jetzt die eigentliche Reform. Paßt gut auf, ich wiederhol' mich nicht gern: Liebt eure Feinde, seid nett zu den Grantigen, betet für die, die euch beleidigen. Haut euch einer was auf die eine Backe, dann haltet ihm auch noch die andere hin, denn vielleicht hat er's nötig, und ihr steht sowieso drüber. Klaut euch einer den Geldbeutel, dann werft ihm auch noch die Brieftasche hinterher, krallt sich einer euren Mantel, dann gebt ihm noch die Jacke. Vielleicht fällt ihm dann was auf. Wer dich um was bittet, dem gib, was er will, wer dich bestiehlt, soll sehen, wie er damit glücklich wird.

Es ist doch langweilig, die zu lieben, die einen auch lieben. Es ist doch gähnend langweilig, denen zu schmeicheln, die einem selbst schmeicheln oder denen was zu pumpen, die gegebenenfalls auch was raustäten. Wo ist da der Witz dabei? Eine echte seelisch-charakterliche Herausforderung besteht eben erst, wenn der Feind in Grund und Boden geliebt wird. Bis es ihm zu den Ohren wieder rauskommt.

Das war noch nicht alles. Urteilt nicht über andere, dann lassen sie auch euch in Ruhe. Gebt ab, dann kriegt ihr. Vergebt anderen, dann vergeben sie euch. Meßt andere an dem Maß, an dem ihr selbst gemessen werden wollt. Das ist wie beim Tischtennis: So wie man in den Wald hineinpingt, so pongt es auch heraus.

Eure Taten sind so gut, wie ihr selber seid. Wir strengen uns ab jetzt menschlich einfach ein bißchen mehr an, hören auf mit der geistigen Faulenzerei, mit der kleinlichen Gesetzeshuberei und dem Schnarchsack in uns selbst.

Wir schwören nicht mehr. Die ganze Schwörerei ist Blödsinn. Ein Mann, ein Wort und basta. Die Rache wird abgeschafft, Auge um Auge gilt nicht mehr. Wird ersatzlos gestrichen. Wir verzeihen …«

Das ist schon ein recht unpopuläres Paket, das er da raushaut, denken die Jünger, aber er scheint es zu schaffen. Die Leute fressen ihm aus der Hand. Und außerdem, ein Rabbi, der nicht aus der Stadt gejagt wird, ist kein guter Rabbi.

»… Versöhnen statt Spalten heißt die Devise. Darüber hinaus geben wir ab jetzt nicht mehr mit unseren Spendenquittungen an, wir spenden leise und dezent. Noch nicht mal die linke Hand braucht zu wissen, was die rechte rausrückt. Geschweige denn Presse, Öffentlichkeit und Finanzamt. Auch mit dem Beten wird es so gehalten. Unauffällig, ernsthaft und leise. Ein Gebet ist keine Demo, braucht uns keiner dafür zu bewundern.

So, das war der amtliche Text, meine Jungs werden in der Pause gern eure Fragen beantworten. Wir sehn uns in zwanzig Minuten wieder.«

Das Grundsatzprogramm part two

Nach der Pause kommt Jesus derart in Schwung, daß es nur noch so rauscht vor Poesie und goldenen Worten. Generationen von Verlegern werden noch Jahrtausende von dem leben können, was Jesus gerade so aus dem Ärmel schüttelt. Er plädiert dafür, daß man fünfe grade sein läßt, sagt, man brauche sich nicht ums Essen zu kümmern, weil Gott auch die Lilien auf dem Felde ernähre, und die scheren sich einen Dreck um Jobs, Gehälter oder Nachtdienstzulage; er sagt, man baue sein Haus nicht auf Sand; voller Elan und immer mit schmissigen Begriffen garniert, haut er einen Nagel nach dem andern rein. Es ist eine Klasserede.

Natürlich sind die Leute am Ende total geschafft. Sie sind einfach von den Socken und wissen nicht mehr, wo ihnen der Kopf steht, vor lauter »Perlen vor die Säue«, »Balken im Auge eines andern«, »Wes das Herz voll ist, des geht der Mund über«, »Keine Feigen von den Dornen, keine Trauben von den Hecken«, »Fels in der Brandung«, »Wer suchet, der findet«, »An ihren Früchten werdet ihr sie erkennen« und wie die Sprüche nicht alle hießen.

So hat jedenfalls noch keiner zu ihnen gesprochen.

Das Medizinische *[Matth. 8,1–4]*

Auch Jesus ist geschafft. Wenn man sich bei einem Auftritt so verausgabt, braucht man eigentlich ein bißchen Ruhe. Aber mit Ruhe ist nichts, denn direkt, als er von seinem Berg runterklettert, sieht er sich mit einem Aussätzigen konfrontiert. Mann, sieht der aus, der arme Kerl. Er fällt vor Jesus auf die Knie und bittet um Heilung. Selbstverständlich heilt ihn Jesus. Er berührt ihn einfach mit der Hand. Die Menge staunt, der Ex-Aussätzige strahlt, und Jesus sagt: »Das bleibt aber unter uns. Geh opfern und sag dem Priester, warum, aber sonst: kein Wort.«

Auch die Umstehenden versprechen, dichtzuhalten. Ist doch klar, sagen sie, geht in Ordnung, sowieso, wir petzen doch nicht.

Wie wird dieses revolutionäre Grundsatzprogramm draußen im Lande aufgenommen werden? Gerüchteweise hört man, daß Pharisäer und Sadduzäer divergierender Ansicht bleiben wollen, von so einer hergelaufenen Sandale, tun sie kund, brauche man sich noch lang nicht beleidigen zu lassen. Werden Jesus und seine Jungs ihr sozialpsychologisches Ding weiter durchziehen? Wird man ihnen auch andernorts glauben? Wird man ihnen Steine in den Weg legen? Zum Thema Steine und zur Klärung all dieser Fragen lesen Sie weiter im

2. BUCH
JESUS UND DIE GROSSE TOUR

2. BUCH

JESUS UND DIE GROSSE TOUR

Stöpselfehler *[Joh. 8,2–11]*

Am Morgen nach der Grundsatzrede läßt sich Jesus mal wieder im Tempel blicken. Er gibt Unterricht und heilt, was so anfällt. Da bringt man eine Frau zu ihm, die frisch beim Ehebruch ertappt wurde.

»Meister, das ist eine Ehebrecherin. Bei Moses steht, daß man die steinigen muß.«

Jesus schaut gar nicht auf, er kritzelt Figürchen in den Sand. Der Tempel müßte auch mal wieder gefegt werden. Jesus weiß ganz genau, daß die Typen scheinheilig fragen. Sie wollen ihm eine reinwürgen. Er soll was Falsches sagen.

»Ey, sag doch, Meister. Muß man die steinigen?«

Schließlich sieht er ihnen direkt in die Augen und sagt: »Also gut. Wie wär's denn mit der Idee, daß derjenige unter euch, der selbst noch nicht gesündigt hat, den ersten Stein wirft?«

Sofort bückt er sich wieder und tut so, als wären die Enten und Rehe, die er vor seinen Füßen in den Sand gezeichnet hat, das Allerwichtigste im Augenblick.

Schlurf, schlurf, schlurf geht es, und ein Naseweis nach dem andern verläßt den Tempel. Als Jesus aufsieht, steht da nur noch die Frau und zuckt, als er sie fragend ansieht, mit den Schultern.

»Sei lieber wieder treu«, sagt Jesus, und die Frau geht unbehelligt nach Hause.

Ein Militär *[Matth. 8,5–13]*

Seit einiger Zeit ist Jesus nun schon ständig von Neugierigen, Fans und Schaulustigen umgeben. Er kann nirgendwo mehr alleine hingehen. Mit dem Privatleben ist es völlig aus. Leider, aber das Berufsbild des Propheten und des Sohnes von Gott sieht nun mal einfach kein Privatleben vor. Da ist nichts dran zu drehen. Gerade ist er auf dem Weg nach Kanaan, und sie passieren Kapernaum, als ihm an der Stadtmauer ein Römerhauptmann entgegentritt und höflich bittet, seinen, des Hauptmannes, Diener doch gesund zu machen. Die Arbeit im Haus bleibe liegen, man komme seinen militärischen Pflichten nicht mehr in genügender Weise nach, vor lauter abben Knöpfen, bemoosten Suppentellern und Schuppen auf der Uniform werde man noch ganz kirre.

Jesus sagt: »Wo wohnst du?«, aber der Hauptmann findet, das müsse ein Crack wie er, Jesus, doch auch telekinetisch hinkriegen. Die Wohnung sehe echt dermaßen aus, daß es ihm, dem Hauptmann, nachgerade peinlich sei, einen so angesehenen Gast, den er darüber hinaus sogar noch um einen Gefallen bitte, zu empfangen. Er selber als Hauptmann, so fährt der Hauptmann fort, habe mit Befehlen, und so 'ne telekinetische Sache sei doch auch eine Art Befehl, also mit Befehlen habe er bisher eigentlich nur gute Erfahrungen gemacht. Man sage etwas, und es werde ausgeführt. Falls Jesus es noch nicht probiert habe, solle er es ruhig mal versuchen, es sei echt toll. Könne er nur empfehlen.

»Hört euch den an, Leute«, sagt Jesus zu den Umstehenden, »so was von Glauben ist mir auch noch nicht untergekommen. Der Herr hier ist der Überzeugung, daß ich sogar telekinetisch heilen kann. Nehmt euch mal ruhig ein Beispiel an dem.«

»Was ist das, telekinetisch?« fragt einer der Anhänger.

»Das ist«, sagt Jesus geduldig und freundlich, »so eine Art von Seelentelex oder Gehirntelefon, aber mit echten Auswirkungen. Also nicht bloß eingebildet oder so. Ich mach' das jetzt mal, dann seht ihr ja, wie es geht.«

»Au ja«, rufen sie begeistert, aber dann ist natürlich nichts zu sehen, denn Telekinese ist, zumindest auf größere Distanzen, nicht gerade eine optisch attraktive Sache.

Immerhin klappt es, und der Diener des Hauptmannes ist gesund, als dieser (der Hauptmann) nach Hause kommt. Ja, es ist sogar schon der Abfluß entstopft, die Mäuse sind in ungeordnetem Rückzug begriffen, und die Zweitstiefel des Hauptmannes glänzen schon fast wieder wie neu.

»Ist ja 'n dolles Ding«, sagt der Hauptmann begeistert. »Schneidiger junger Mann, der. Könnte so einen noch in der Truppe gebrauchen. Zack, und schon ist der Bursche wieder auf den Beinen. Dolles Ding, das.«

Die gefährdete Hochzeitsparty *[Joh. 2,1–12]*

In Kanaan sind Jesus und die Jungs zu einer Hochzeit eingeladen. Maria ist auch da. Auch sonst viele Leute. Gäste gibt es jedenfalls mehr als Wein.

In einer stillen Minute nimmt Maria ihren Sohn zur Seite und flüstert ihm ins Ohr: »Jesus, die Leute haben keinen Wein mehr.«

»Ruhig bleiben, Mami«, flüstert er zurück, »laß mal.«

Da hat Maria schon so eine Ahnung, daß er sich der Sache annehmen wird, und gibt seinen Jüngern den Tip, sich bereitzuhalten. Und tatsächlich bittet er die bald danach, sechs Waschkrüge mit Wasser zu füllen.

Gleich sind die Krüge voll, und Jesus läßt sie dem ahnungslosen Kellermeister hinstellen. Der schenkt aus, und die Gäste kriegen sich nicht mehr ein vor Begeisterung über diesen Spitzenwein. »Bist ein alter Knauser«, sagen sie zum Brautvater, »daß du erst jetzt mit diesem erlesenen Tropfen rausrückst. Hast wohl gehofft, wir gingen vorher, was?«

Niemand bemerkt, daß Jesus und seine Mutter einander zuzwinkern.

Ja, die Verwandtschaft *[Matth. 8,14–15]*

In der Folge tut Jesus noch öfter mal was für die Haushaltsführung. Einmal, als er bei Petrus eingeladen ist, sieht es auch aus wie bei Hempels unterm Sofa, und Petrus, der Ordnung liebt, wenn er nicht gerade selbst dafür sorgen muß, ist ganz verlegen und würde Jesus am liebsten gar nicht ins Haus lassen. Die Schwiegermutter, die ansonsten sehr ordentlich sei, wenn auch ein rechter Drachen, was ihre politischen Überzeugungen betreffe, ja jedenfalls, die sei nämlich krank, und es herrsche echt eine Unordnung wie Harry.

Aber Jesus beschwichtigt ihn und sagt: »Wenn's weiter nichts ist«, wobei er die Tür öffnet und die darniederliegende Schwiegermutter heilt. Gleich macht die sich an die Arbeit und serviert ein schmackhaftes Mahl, und der Abend ist gerettet.

Besessene und Kranke *[Matth. 8,16–17]*

Ja, jede Menge Besessene und Kranke heilt er auch. Echt. Am laufenden Meter. Es geht wie's Brezelbacken.

Tempo *[Matth. 8,18–22]*

Nein, nicht die Taschentücher, die gibt's ja damals noch gar nicht. Es geht um die Geschwindigkeit. Die Geschwindigkeit der Nachfolge, also wie schnell man ein Jünger werden kann.

Ein Schriftgelehrter spricht Jesus an und sagt, er wolle sich gern als Jünger eintragen und gleich mitkommen, ob Jesus nicht noch eben drei Stunden oder so warten könne, denn erst müsse er, der Schriftgelehrte, noch seinen toten Papa begraben.

»Das geht nicht«, sagt Jesus. »Das ist jetzt nichts gegen dich, aber Zeit ist kostbar, und wir müssen weiter. Es gibt viel zu tun. Laß doch die Toten ihre Toten begraben.«

Der Schriftgelehrte kommt zwar gleich mit, aber ein schlechtes Gewissen hat er schon und außerdem, wie soll denn das gehen! Seit wann krabbeln denn die Leichen aus den Gräbern und holen ihre frischgebackenen Kollegen selber? Aber einer der Jünger schreibt auch diesen Spruch von Jesus mit, denn unbestritten klingt er gut.

Schlechtwetter *[Matth. 8,23–27]*

Jesus und die Jungs steigen in ein Boot. Jesus braucht eine Mütze voll Schlaf und ratzt sofort, als er auf dem Bänkchen sitzt, ein. Rumms, da geht ein Sturm los, daß es nur so pladdert und schwappt. Das Zähneklappern der Jungs ist bald dazu angetan, den Sturm und sein Getose zu übertönen. Aber Jesus schiebt Matratzenhorchdienst.

Schließlich halten sie es vor Angst nicht mehr aus und wecken ihn, obwohl das eigentlich streng verboten ist. Jesus, als Morgenmuffel, macht denn auch ein so schlechtgelauntes Gesicht, daß Wind und Wellen sofort das Gebrande und Geblase einstellen.

»Junge, Junge«, sagen die Jünger, »das war aber nicht schlecht. Einmal hingegrimmt, und schon hat sich's ausgesturmt. Doch, muß man ihm lassen. Die Elemente hat er im Griff wie nichts. Donnerwetter.«

Umsetzung von Dämonen *[Matth. 8,28–34]*

Am andern Ufer, es ist die Gegend von Gadara, kommen ihnen zwei Besessene entgegengelaufen. Sie machen ein Mordsgeschrei, was man denn hier zu suchen habe, ob man sie denn nicht in Ruhe lassen könne und seit wann einen der Sohn von Gott persönlich heimsuche. Das sei doch Nötigung und ob man denn nicht mal mehr hier am Arsch der Welt seine Ruhe haben könne und besessen sein, wie man lustig sei. Und wie immer, wenn Besessene reden, quatschen die Dämonen dazwischen, so daß man kaum ein Wort verstehen kann. Die Dämonen bitten Jesus, wenn er sie schon austreiben müsse, doch bitte einen Umzug in die Schweineherde nebenan möglich zu machen. In Schweine sei man bisher noch nicht eingefahren, und das stelle man sich interessant vor. Die beiden Wirtspersonen hier seien unglaubliche Langweiler, man habe sich sowieso schon nach anderen Möglichkeiten umsehen wollen, aber wie das eben so sei, man kriege den Dreh dann doch nicht beizeiten.

»Also gut«, sagt Jesus, »verzieht euch«, und – schwupps – sind die Dämonen in der Schweineherde.

Leider sind Dämonen, die der menschliche Organismus verträgt, nicht immer auch für den schweinlichen geeignet. Es kommt zu einer Abstoßungsreaktion, und die ganze Schweineherde rennt über einen Abhang und stürzt sich ins Meer zu Tode. Begeistert schreien die Schweine »Schwimmen, Tauchen, Wasser, Hurra« und platschen eines nach dem andern in die Fluten. Schweine können nicht schwimmen. Und fliegen auch nur von oben nach unten.

Schon nach ein paar Minuten kommt die halbe Stadtbevölkerung von Gadara angerannt und macht einen sehr erbosten Eindruck. In Gadara lebt man hauptsächlich vom Trüffelhandel, und die Schweine waren hochwertige, sehr gut ausgebildete und sündteure Trüffeldetektive. Dumme Sache. Die Leute haben hochrote Köpfe und brüllen auf Jesus und seine

Freunde ein, er solle sich vom Acker machen, aber ganz schnell, sonst setze es was, und wo es denn sowas gäbe, daß da einfach jeder hergelaufene Trottel eine unbezahlbare Herde von Spezialschweinen mit Dämonen verseuche. Er habe hoffentlich eine gute Haftpflichtversicherung, denn das könne er sich hinter die Ohren schreiben, er höre noch von Gadara, worauf er sich aber bahnamtlich verlassen könne.

Das ist jetzt mal nicht so gut gelaufen. An der Dämonenaustreibung muß noch gearbeitet werden.

Eine Entlähmung *[Matth. 9,1–8]*

Also zurück ins Boot und wieder nach Hause. Am Strand stehen schon wieder Leute. Diesmal haben sie einen Gelähmten samt Bahre und bitten Jesus, ihn wieder ganz zu machen.

»Hab Vertrauen, mein Junge, deine Sünden sind dir vergeben«, sagt Jesus.

Da stehen einige Schriftgelehrte dabei, die mal sehen wollten, wie dieser Jesus so arbeitet, und die finden, daß er sich jetzt aber doch im Ton vergriffen hat. Wieso Sünden vergeben? Kann denn Lähmung Sünde sein?

Jesus kann gedankenlesen und spricht sie direkt an: »Was denkt ihr denn? Und jetzt redet euch bloß nicht raus, ihr hättet überhaupt nichts gedacht. Ich hab's genau gehört. Wenn einer was Blödes denkt, dann hab' ich dieses Brizzeln im Kopf. Ihr glaubt einfach nicht, daß ich weiß, was ich tue. Hier, bitte schaut her.«

Und er deutet auf den Gelähmten, der gerade aufsteht, seine Glieder reckt und sich dabei strahlend umsieht.

»Vergiß nicht, die Bahre mitzunehmen«, sagt Jesus, und die Schriftgelehrten sind frappiert. Zu ihnen gewandt sagt er noch: »Man kann es so machen, und man kann es anders machen. Ihr solltet einfach ein bißchen positiver denken.«

Noch ein Jünger *[Matth. 9,9–13]*

Am Stadtrand spricht Jesus einen Zöllner an. Das ist zu dieser Zeit eine soziale Leistung, denn Zöllner sind nicht gerade beliebt. Nicht mal bei sich selbst.

Jesus sagt zu dem Mann: »Komm mit, du fehlst mir noch in meiner Sammlung.«

Der Mann, er heißt Matthäus, steht auf, läßt sein Zollhäuschen unbemannt und folgt Jesus. Da er ein Notizbuch hat, in das er bisher immer die Zölle eintragen mußte, macht er sich gleich ans Mitschreiben. Er will eine Reportage über die Jesuszeit machen.

Die Jünger lassen sich erst mal nichts anmerken, obwohl sie der Ansicht sind, daß es nicht ausgerechnet auch noch ein Zöllner hätte sein müssen, wenn Jesus seine soziale Ader mal wieder pulsieren läßt. Aber sie sind Kummer gewohnt und machen keinen Aufstand. Er hat bisher noch immer rechtgehabt mit dem, was er tat, beziehungsweise hat es geklappt.

Da Zöllner untereinander zusammenhalten wie Pech und Schwefel, sitzt beim Abendessen nachher plötzlich eine ganze Clique da herum. Sie sind einfach so hintereinander reingeschneit, haben »N'abend« gesagt und sich an den Tisch gesetzt. Ein paar sonstige Sünder sind auch eingelaufen, als wenn das hier *der* angesagte Sündertreff wäre, und jetzt lümmelt die Bande um den Tisch, reibt sich die Hände und fragt: »Was gibt's denn Gutes?«

Das geht den Jüngern dann aber doch zu weit, und sie gehen beleidigt vor die Tür. Dort hängen auch wieder einige Pharisäer rum. Die sind immer da, wo was los ist. Sie fragen die Jünger, was denn in ihren Meister gefahren sei, daß er mit Zöllnern und Sündern zusammen nachtmahle.

»Kapieren wir auch nicht«, sagen die.

Jesus hört das natürlich, denn die Wände sind dünn, und außerdem hat einer der indignierten Jünger demonstrativ die Tür aufgelassen.

»Die Gesunden brauchen keinen Arzt«, ruft Jesus nach draußen. »Die Kranken brauchen einen. Außerdem bin ich barmherzig, und wenn sich das noch nicht bis zu euch rumgesprochen hat, dann ist euch auch nicht mehr zu helfen. Ich bin jedenfalls hier, um die Sünder zu rufen, nicht die Gerechten.«

Fasten *[Matth. 9,14–17]*

Fans von Johannes erkennt man daran, daß sie Buttons mit der Aufschrift ›Freiheit für Hannes‹ und ›Schluß mit der Isolationsfolter‹ an den Gewändern tragen. Ein paar von ihnen fragen Jesus, warum seine Jünger nicht fasteten, wo es doch sogar die Pharisäer täten.

Die Hochzeitsgäste würden doch nicht trauern, antwortet er, wenn der Bräutigam noch da sei, und man würde keinen neuen Stoff auf alte Klamotten nähen oder alten Wein in neuen Schläuchen aufbewahren. Deshalb fasteten er und seine Jungs erst, wenn es einen gescheiten Anlaß dazu gäbe.

Mit Sprichwörtern bringt er sich gern mal aus der Schußlinie. Die Leute sind dann immer begeistert vom Glanz der Metaphern und lassen ihn in Ruhe.

Medizinisch das nächstgrößere Ding [Mark. 5,21–23]

In dem Moment kommt ein Synagogenvorsteher und wirft sich vor Jesus auf die Knie. »Komm doch und mach meine Tochter wieder lebendig. Sie ist gerade gestorben.«

Das reizt Jesus natürlich, denn bisher hat er ja nur geheilt und noch keine Tode rückgängig gemacht. Also gehen sie alle los, die Johannesisten hinterher.

Unterwegs kommt eine Frau daher, berührt den Saum von Jesus' Gewand und ist ihre Blutungen los. »Kannste mal sehn«, sagt Jesus im Weitergehen.

Im Haus des Synagogenvorstehers angekommen, kann er sich's nicht verkneifen, die Trauergäste ein bißchen auf den Arm zu nehmen. Er behauptet, das Mädchen sei gar nicht tot, es schlafe nur, und sie sollten doch nicht so ein Geschrei machen, sonst würden sie es aufwecken. Zuerst sind die Leute entsetzt von solcher Frechheit, aber dann lachen sie ihn aus.

»Raus mit euch«, sagt Jesus, und der Synagogenvorsteher gestikuliert hinter seinem Rücken, daß die Leute tun mögen, was er sagt. Als alle draußen sind, macht er das Mädchen lebendig, und das Staunen ist wie immer groß. Jeder will dabeigewesen sein und das Wunder mit eigenen Augen gesehen haben. Dabei waren doch nur der Synagogist und Jesus und das Mädchen anwesend. Und die war noch tot, als er sie wieder lebendig machte. Das heißt, *bis* er sie wieder lebendig machte. Jedenfalls hat sie nichts davon mitgekriegt.

Und dann die beiden Blinden … *[Matth. 9,27–31]*

Gleich danach macht er zwei Blinde sehend. Die beklagen sich dann allerdings und sagen, das hätten sie sich alles ein bißchen sauberer und gepflegter vorgestellt. Diese Welt sei doch ein Saustall und ob er sie nicht wieder blind machen könne …

… und der Stumme *[Matth. 9,32–34]*

scheint auch nicht besonders erfreut, als er zum erstenmal den blechernen Klang der eigenen Stimme vernimmt. Ein paar Pharisäer behaupten, Jesus ließe sich vom Teufel helfen, aber das ist nur der Neid. Sie wissen genau, daß er das allein packt. Sie sind bloß sauer, daß sie es nicht selber können.

Die Zwölf Meisterschüler *[Matth. 9,35–10,4]*

»Mann, sind das viele«, sagt Jesus, als er die Massen von Heilungsbedürftigen sieht, die da auf ihn zuströmen. »Das schaff' ich einfach nicht mehr allein.« Er ruft seine zwölf besten Jungs zu sich und sagt: »Die Ernte ist groß, es braucht noch Arbeiter, die sie einbringen.« Von jetzt an sollten sie auch heilen und all die Sachen. Er hoffe, sie hätten gut genug aufgepaßt und würden keine Patzer machen, denn jede Heilung mit Nebenwirkungen schädige den Ruf der ganzen Firma.

»Kannst dich auf uns verlassen, Chef«, sagen die Jünger. Sie sind stolz darauf, jetzt der harte Kern zu sein. Es sind die Herren Petrus und Andreas, Jakobus und Johannes, Philippus, Bartholomäus, Thomas, Matthäus, noch ein Jakobus, Thaddäus, Simon Kanaanäus und Judas Ischariot.

Standesregeln *[Matth. 10,5–15/Luk. 10,4–12]*

»Also, Jungs«, gibt Jesus seinen neuen Partnern bekannt, »es gibt noch ein paar Regeln zu beherzigen. Erstens: Ihr geht nicht zu den Heiden und nicht nach Samaria, sondern bleibet im Lande in Israel. Die ganze Heilerei und Dämonenaustreiberei versteht ihr, dazu brauch' ich euch nichts mehr zu sagen. Jetzt aber was Wichtiges: Es wird keine Kohle eingesteckt. Wir arbeiten unentgeltlich. Essen und Übernachtung könnt ihr annehmen, denn ein Arbeiter ist seines Lohnes wert. Aber keine Vorräte. Nehmt euch keine Brotbeutel mit, tragt keine Schuhe, laßt euch nicht anquatschen und geht ohne Stock. Sucht euch nette Leute zum Pennen, keine Muffköpfe. Wenn ihr ein Haus betretet, dann klebt den Frieden drauf. Wenn die Leute, entgegen eurer Einschätzung, doch Muffköpfe sind, dann nehmt den Frieden wieder ab. Sind dann selber schuld. Wenn euch einer nicht aufnehmen will, macht einfach kehrt, schüttelt den Staub von euren Füßen. Derjenige kriegt dann sein Fett am Jüngsten Tag. Das regle ich schon.

Und noch was ... *[Matth. 10,16–42]*

... wir sind die Guten, und die Guten sind immer noch unterlegen. Das kann man schon daran sehen, daß es in Filmen genau andersrum ist. Also, was ich damit sagen will: Der Unterlegene muß immer ein bißchen schlauer sein, aber auch naiv ...«

Klingt vertrackt, denken die Jünger, aber da sie das schon gewohnt sind, sagen sie nichts.

»... denn die Menschen sind ja ein übles Gesocks. Doch, das muß man mal ganz klar sagen, eine miese Bande sind sie im allgemeinen. Sie werden euch vor Gericht bringen, in ihren Synagogen auspeitschen, vor Statthalter und Könige werden sie euch schleppen, um euch auszufragen. Kümmert euch nicht drum. Wenn ihr um eine Antwort verlegen seid, dann wählt meine telepathische Geheimnummer an, und ich sage euch, was ihr reden sollt. Ich spreche dann durch eure Münder. Klar?«

»Klar«, sagen die Jünger. Es klingt ängstlich.

»Und das ist leider noch nicht alles an Gemeinheiten, womit ihr rechnen müßt. Brüder werden sich gegenseitig austricksen, Söhne werden ihre Väter verraten, es wird sein ein unglaublich Gepetze und Gelinke allerorten, ihr aber dürft euch nichts draus machen, denn so ist es halt. Gibt es in der einen Stadt Streß, haut ab zur nächsten ...«

Tja, und dann wird er wieder blumig, und die Jünger hören nur noch mit halbem Ohr hin. Die Sprichwörter rauschen zu Tale, und der Metaphernwald wird aufgeforstet. Was am Ende dabei rauskommt, ist, daß sie, die Jünger, Spitze seien und ja den Kopf nicht hängen lassen sollten, komme es auch noch so schlimm. Man solle Jesus mehr lieben als Vater und Mutter, und er sei, entgegen früherer Aussagen, nicht gekommen, um Frieden zu bringen, sondern er bringe das Schwert. Also Action, Bewegung, Tempo und all das. Man solle sich fest zu ihm bekennen, das sei mal sonnenklar. Er redet noch von einem Kreuz, das man auf sich nehmen solle, wie er selbst das auch täte, aber das ist nun gar nicht zu verstehen. Was für ein Kreuz denn?

Schließlich sagt er: »Los geht's, Jungs, macht mir keine Schande, ich verlaß mich auf euch.« Und die Jünger schwärmen aus in alle Richtungen, und Jesus selber schwärmt auch aus, und so geht jeder seinen Weg, wie ein Mann das eben muß.

Post vom Täufer *[Matth. 11,2–6]*

Per Cassiber hält Johannes noch aus dem Knast heraus Kontakt zu seinen Getreuen. Er schickt einen davon zu Jesus und läßt fragen, ob er, Jesus, denn auch wirklich derjenige sei, auf den man warte. Das ist insofern ein bißchen seltsam, als Johannes damals selber den Spruch von Gottes Lamm geprägt hat.

Jesus gibt dem Boten ein paar sprachliche Pfunde auf den Weg. »Lahme gehen«, sagt er, »Blinde sehen,

Taube hören, Tote stehen auf, und selig, wer an mir keinen Anstoß nimmt.« Wenn das nicht reicht.

Paar Takte über Johannes *[Luk. 7,24–35]*

Seit sie sich damals anläßlich der Taufe getroffen haben, hat Johannes bei Jesus einen Stein im Brett. Eigentlich ist es sogar so, daß Jesus Johannes bewundert. Er findet ihn einen richtig guten Typ mit seinen Wuselhaaren und der ganzen struppigen Art. Noch so richtig echt ist der. Nicht so ein moderner, angepaßter Typ mit Römer-Touch und Pharisäer-Styling. Also nimmt Jesus die Gelegenheit wahr und extemporiert eine kleine Ansprache an die wie immer um ihn herumschleichenden Religionsgroupies und Fans.

»Leute«, hebt er an, und sie klappen die Ohren aus, um ja nichts zu verpassen. »Leute, was meinen Freund Johannes den Täufer betrifft, was habt ihr eigentlich damals erwartet, als ihr in die Wüste gegangen seid, um euch von ihm tunken zu lassen. Habt ihr ein Schilfrohr erwartet, das im Winde schwankt? ...«

»Nein«, meldet sich einer der Zuhörer zu Wort, »ich habe damals geglaubt, es ist was Sportliches. Johannes der Läufer sei am Jordan unten, habe ich gehört, und da dachte ich, schauste mal hin, ob der die Zehn-Null auf hundert Meter bringt und so, und da bin ich dann einfach losgezockelt mit meinem alten Maultier hier und ...«

»Ach, Kinder«, sagt Jesus, »das war doch eine rhetorische Frage. Müßt ihr mir denn immer reinquas ...«

»Was ist eine rotarische Frage, und was meinst du

mit reinquas, und wie schnell ist Johannes denn nun *wirklich* gelaufen?« fragt ein Junge mit Brille, der, genau wie Matthäus, schon seit einigen Tagen alles mitschreibt.

Jesus stutzt: »Wofür willst du denn das alles wissen?« fragt er freundlich.

»Ich mach' Exegese«, sagt der Junge stolz, »ich lege das jetzt immer schon gleich aus, was du sagst, damit die Menschen später wissen, wie du es gemeint hast, ich notiere die Uhrzeiten, leg' Fahrpläne bei und skizziere die Landkarte, dazu mach' ich noch einen kleinen geschichtlichen Abriß, was heutzutage so alles läuft, und alles zusammen gibt dann eine ganz schöne Übers ...«

»Vergiß nicht die *Speisekarte* beizulegen oder ein Etikett von der Weinflasche, wenn wir irgendwo was essen waren«, sagt Jesus amüsiert.

»Hab' ich alles«, sagt der Junge und kramt ein ganzes Bündel von Trophäen, darunter auch den einen oder anderen Streichholzbrief oder geklauten Löffel aus der Tasche.

Da platzt Jesus endgültig der Kragen! Am Ende des Donnerwetters, das er losläßt, sind alle mucksmäuschenstill, und man könnte das Tuscheln und Kichern der Kopfläuse hören. Wenn die sich trauen würden, auch nur die geringste Bewegung zu machen.

Matthäus muß eine ganze Passage, die er in schönstem Steno hingeworfen hat, wieder ausstreichen und zwar so oft, daß man wirklich nichts mehr entziffern kann. »Das gehört nicht in die Chronik«, sagt Jesus nur und klopft mit den Fingern an die Brust.

Ein Grinsen kann er sich nun doch nicht verkneifen.

Ich hab' sie gern, denkt er, meine nervenaufreibende Saubande. Und er fährt fort:

»Was wolltet ihr sehen, als ihr da rausgetigert seid, einen Mann in feinen Klamotten, einen Schicki-Micki-Stylie-Schmieri? Die gibt's bei Hofe, aber nicht im Taufbusineß. Oder wolltet ihr einen Propheten sehen? Ja? Ich sag' euch was: Ihr habt sogar mehr als einen Propheten gesehen. Nein, nicht zwei Propheten, denn wahrlich, ich sage euch, Johannes ist kein Doppelname, es heißt nicht Jo und Hannes, sondern wird zusammen ausgesprochen: ›Johannes‹. Also sind es auch nicht zwei Leute, sondern einer. Nein, weshalb ich sage, daß es mehr als ein Prophet war, ist, weil Johannes ein ganz besonderer Prophet ist. Er ist der One-and-Only, der Unschlagbare, der unvergleichliche und konkurrenzlose Spitzentäufer, der außerdem direkt als Vorankündigung für mich unterwegs war. Als Trailer. Praktisch das Vorprogramm zu mir. Versteht ihr das?«

»Doch«, sagen sie, »klingt logisch.« Und der Exeget schreibt wie ein Wilder, denn im Gegensatz zu Matthäus beherrscht er kein Steno. Er muß richtige Worte hinkritzeln, und das in so einem Affentempo, daß er nicht dafür garantieren kann, ob später nicht doch Mißverständnisse auftauchen werden. Wenn er nämlich seine eigene Sauklaue nicht mehr entziffern kann.

Dann sagt Jesus noch, Johannes sei der Größte auf Erden, aber der Kleinste im Himmel und abgesehen davon, daß man das nicht so leicht verstehen kann, sind die Zuhörer auch der Ansicht, er, Jesus, sei doch echt noch 'ne Nummer größer. Bei allem Respekt für Johannes, aber die Taten, die Jesus abliefert, sind doch nicht zu vergleichen mit dem bißchen Köpfe-unter-Wasser-Drücken.

»Widersprecht mir nicht dauernd«, sagt Jesus müde, »das ist ja das Lästige an eurer Generation, daß ihr immer was zu kritisieren habt. Jetzt nehmt doch auch mal was von uns älteren an, ohne sofort dagegenzuhalten. Echt, diese Generation ist wirklich anstrengend. Wir waren früher lernfähiger, das laßt euch mal gesagt sein.«

Da die Leute jetzt wieder einen recht deprimierten Eindruck machen, läßt er's gut sein und schimpft auf die andern. »*Ihr* seid ja gar nicht so übel«, sagt er, »aber die, die mir nicht nachfolgen, die immer was an mir rumzumeckern haben, die gehen mir langsam wirklich auf den Senkel. Für mich sind das Spießer. Dumme, schlaffe Spießer, die ihr ganzes Gehirn im Geldbeutel unterbringen. Über Johannes sagen sie, er esse nichts, er trinke nichts, also müsse er von einem Dämon besessen sein, über mich reden sie dagegen, der frißt, der säuft und zockt mit Zöllnern, der kann doch nichts taugen. Ich frage euch, wo bleibt da die Logik?«

»Ja genau«, sagen die Leute. Sie sind froh, daß er mal nicht auf ihnen rumhackt.

»Da wir gerade dabei sind ...« *[Matth. 11,20–24]*

fährt Jesus fort, »die Städte, in denen ich die meisten Wunder vollbracht habe, warum sind die immer noch nicht bekehrt? Mensch, wenn ich da an Sidon oder Tyrus denke. Hätte ich dort nur halb so viele Wunder getan, dann gingen die Leute jetzt in Sack und Asche und täten Buße, daß es nur so glitzert. Chorazin, du Trotteldorf, was glaubst du, wozu ich dich mit all den guten Werken beglückt habe? Oder Kapernaum? Du wirst dich wundern, Kapernaum, wenn du mal als Vorort der Hölle fungieren wirst. Jawohl, du wirst eingemeindet. Es wird dereinst eine gewaltige Gemeindereform sein, und Heulen und Zähneknirschen wird sein in deinem Stadtrat. Denn nichts wird sein mit ›Himmel-West‹, oder was ihr euch sonst so erhoffen mögt. Hölle-Fünfzehn wirst du dereinst genannt werden. Kapernaum, verdöstestes aller Drecknester, die mir bis jetzt untergekommen sind. Ist doch wahr. Amen. Sakrament aber auch!«

Von diesem Ausbruch müde, zieht Jesus sich zurück und macht erst mal vier Tage Urlaub. Seiner Dauergemeinde, die hinter ihm herzockelt, wo er auch geht und steht, sagt er, daß er jetzt mal was für sich tun möchte. Jeder Mensch brauche ein Privatleben, und sie mögen die Zeit nutzen, ihre Sohlen auszubessern, denn es habe sich noch nicht ausgewandert.

Trotzdem muß er einige Haken schlagen, durch Hintertüren und Seitenstraßen, bis er endlich alle abgehängt hat, die es ohne ihn nicht mehr auszuhalten glauben.

»Danke ...« *[Matth. 11,25–27/Joh. 3,35]*

»... Chef«, sagt Jesus, als er, endlich unerkannt und allein, an einem Bächlein entlangschlendert. Er meint seinen Vater im Himmel damit. Die Anrede war immer ein bißchen kompliziert. ›Vater‹ schien ihm zu steif und förmlich, und ›Paps‹ war schon für Josef belegt. Seit er sich für ›Chef‹ entschieden hat, ist das Anredeproblem gelöst. Jedenfalls kam kein Einspruch von oben. Kein Blitz, kein Erdbeben, keine Sturmflut. »Danke, Chef«, sagt er also, »daß du die ganze Sache ein bißchen kompliziert für mich gemacht hast. Sonst wäre mir jetzt schon stinklangweilig. Aber weil du den Schlauen das vorenthältst, was du den Trotteln mitteilst, gibt es für mich, der ich doch ein Schlauer bin, immer noch was rauszufinden. Und das ist gut so. Danke, daß du mich lieb hast und mir so viel zutraust. Danke auch für die Ehre, daß du gerade mich adoptiert hast, oder jedenfalls irgendwie zu deinem Sohn gemacht, oder daß du mir so nette Pflegeeltern, das heißt, meine Mami ist ja echt ..., ach, ich weiß auch nicht. Danke jedenfalls. Für alles.«

Gewicht *[Matth. 11,28–30]*

Der kleine Urlaub hat Jesus gutgetan. Er hat nichts gemacht, außer spazierenzugehen, ein bißchen mit dem Chef zu plaudern und in sich hineinzuhorchen. War mal ganz schön. Jetzt ist er wieder mit neuer Kraft bei der Sache.

»Ihr habt es schwer, ihr tragt eine große Last, ihr seid mühselig und beladen. Kommt her zu mir und tauscht. Ich bin sanftmütig, ich bin demütig, das heißt, ich will kein Angeber sein, und außerdem bin ich gütig. Von gelegentlichen Ausrutschern mal abgesehen, bin ich eigentlich schon ganz gut gelungen, und das könnt ihr auch haben, wenn ihr es so macht wie ich.«

»Sollen wir auch Gottes Sohn werden?« sagt einer, und an der Bitterkeit in seiner Stimme hört man, daß er das jetzt sozialkritisch gemeint hat.

»Aber selbstverständlich«, sagt Jesus, »es ist der beste Tip, den ich euch geben kann.« Er läßt sich gar nicht auf den muffigen Unterton ein.

Dummes Geschwätz *[Matth. 12,1–8]*

Und dann spaziert er mit seinen Jungs durch ein Kornfeld. Es ist Sabbat, und sie haben sich, was inzwischen selten geworden ist, mal wieder alle getroffen. Die Jünger sind ja jetzt meist allein unterwegs und heilen und verkünden, als liefe ihnen die Zeit davon. Aber manchmal ist doch noch ein Meeting drin, wenn alle in der Nähe sind, und Jesus macht Supervision. Sie besprechen Probleme, und er gibt Tips, wie man das oder jenes noch besser machen könnte. Jetzt haben die Jünger Hunger und rupfen im Gehen die eine oder andere Ähre vom Halm.

Im selben Kornfeld spazieren auch ein paar Pharisäer herum, und die schreien sofort, man heilige mal wieder den Sabbat nicht, indem man ganz eindeutig eben eine Ähre abgerupft habe. Es sei eine Schande, ein Skandal, und das werde man sich aber merken undsoweiter.

Da schreit Jesus zurück, ob sie sich denn nicht an König David erinnerten, der seinerzeit Priesterspeisen verzehrt habe, oder ob sie nicht im Gesetz gelesen hätten, daß zum Beispiel die Priester am Sabbat denselben sehr wohl entheiligen dürften, sonst liefe ja tempelmäßig überhaupt nichts, und wozu denn der Sabbat dann da sei? Er schrie noch hinterher, er glaube, daß die Pharisäer, als Gott den Grips verteilt habe, nicht laut genug »Hier« gerufen haben könnten, so bekloppt wie sie seien.

»Schon gut, schon gut«, rufen die Pharisäer und trollen sich. Diesem Jesus ist nicht beizukommen. Immer eine freche Antwort.

Er verdirbt's mit ihnen *[Luk. 6,6–11/14,5]*

Das bringt ihn auf eine Idee. Der Konkurrenzkampf beflügelt ihn irgendwie, und jetzt hat er Lust, es ihnen mal so richtig zu zeigen. Schnurstracks geht er in die nächste Synagoge, und wie erwartet hängen dort tatsächlich genau die Typen herum, mit denen es eben das kleine Scharmützel gab. Bei ihnen sitzt ein Mann, dem ist die Hand verdorrt.

Heuchlerisch fragen sie, ob man den armen Kerl denn am Sabbat heilen dürfe. Sie wissen natürlich genau, daß es verboten ist. Jedenfalls sind sie dieser Ansicht. Was sie bezwecken, ist, daß Jesus einen Fehler macht, damit man ihm endlich das Handwerk verbieten kann. Was ihnen vorschwebt, ist mindestens ein Berufsverbot. Lieber noch würden sie ihn irgendwie auf die Todesstrafe losjagen. Geschähe ihm recht, dem arroganten Arsch.

Jesus weiß, was die Uhr geschlagen hat, und läßt sich drauf ein. »Wer von euch würde seinen Sohn, wenn der am Sabbat in eine Grube fällt, nicht sofort wieder rausziehen?« sagt er.

»Kommt drauf an, wer die Grube gegraben hat«, sagt der Wortführer der Pharisäer.

»Der Sohn jedenfalls nicht.« Jesus ist, wie immer, schlagfertig. »Wer will mir verbieten, am Sabbat Gutes zu tun?«

Im selben Moment streckt der Mann ungläubig seine Hand aus, denn sie ist wieder total entdorrt. Zwar staunt niemand mehr darüber, denn die Künste von Jesus sind längst bekannt, aber die Pharisäer grinsen doch ganz dreckig in sich rein, denn sie finden, daß man ihn jetzt in der Falle hat. Sie nehmen sich vor, ihn bei nächster Gelegenheit umzulegen. An einem Wochentag selbstverständlich.

Kann man alles nachschlagen *[Matth. 12,15–21]*

Diese Absichtserklärung ist ihm keineswegs entgangen, deshalb reist Jesus ab. Lieber ein paar Kilometer Luftlinie zwischen die Pharisäer und seine guten Taten bringen, denkt er, das ist vernünftiger. Die sind ja verblendet vor Neid und Haß.

Den Leuten, die er weiterhin heilt und segnet, nimmt er das Versprechen ab, dichtzuhalten. Sie sollen nicht mehr mit seinen Wundern angeben. Er weiß, daß das nicht klappen kann, aber versucht will er's wenigstens haben.

Dieser Jesaja, der Prophet, hatte übrigens auch das vorausgesehen: »Das ist mein Knecht und mein Geliebter«, zitiert er Gott in seinen Schriften, »der meiner Seele gefällt, der meinen Geist in sich hat und den Heiden die Sache erklärt. Er wird mit Stil und Geschmack, ohne billige Show oder großes Gedöns, die Sache sagen; wird sich nicht wehren und keine Gewalt anwenden. Aber die Völker werden auf ihn hoffen.«

Muß für Jesus ein komisches Gefühl sein, daß Jesaja alles schon vorher gewußt hat. Als hätte man selbst keine freie Entscheidung mehr. Als wüchse nichts, aber auch gar nichts, was er zustande bringt, auf seinem eigenen Mist.

Plädoyer *[Matth. 12,22–37/Luk. 11,17–23]*

Schon wieder bringt man einen Besessenen an, der auch noch blind und stumm ist. Jesus heilt ihn. Wie immer. Unter den mitreisenden Verehrern sind aber auch einige, die ein bißchen nahe an der Hysterie geparkt haben, und die schreien bei jeder Heilung irgendeinen Unsinn in die Welt. Diesmal finden sie, Jesus müsse der Sohn Davids sein, so toll wie er all diese Heilungen macht. Ganz bestimmt sei er der Sohn Davids. Daß man da jetzt erst draufkomme. Die Nase sei auch ganz ähnlich, und die blauen Augen, habe David nicht auch so blaue Augen gehabt?

Und wie immer befinden sich auch pharisäische V-Leute im Publikum, die sich vornehmen, dieses Sakrileg gleich zu melden, und außerdem sind sie sicher, daß er das alles nur mit Hilfe des Teufels schafft.

Jesus liest ihre Gedanken und antwortet direkt:

»Jedes Reich, das in sich gespalten ist, geht den Bach runter. Jede Familie, die nicht zusammenhält, geht vor die Hunde. Wenn also der Satan den Satan austreibt, dann ist das schizophren, und außerdem klappt es nicht. Der Satan wäre schon längst im Eimer, wenn er sich selber bekämpfen würde. Ist das logisch?«

»Doch«, sagen die Pharisäer, »ist logisch.«

»Und außerdem«, hakt Jesus nach, »wer hilft denn *euren* Leuten beim Teufelaustreiben? Hä?«

Da sagen sie gar nichts. Jetzt wird es peinlich für sie.

»Ich treibe den Teufel aus mit dem Geist Gottes. Und das mache ich, weil das Reich Gottes schon angebrochen ist, es findet praktisch schon statt, bloß ihr Hammel wollt das nicht bemerken. Bei einem starken Mann kann man nicht einbrechen, wenn man ihn nicht vorher fesselt. Wer nicht für mich ist, ist gegen mich. Ich will euch mal *was* sagen. Euch wird jede Sünde vergeben, sogar wenn ihr gegen mich stänkert, aber das Stänkern wider den Geist, also Gott, meinen Vater, das wird euch nicht vergeben werden ...«

Dann ergeht er sich wieder in schönen Bildern, er spricht von guten Bäumen, die auch gute Früchte trügen undsoweiter, und schließlich landet er bei der Feststellung, daß jeder so gut sei, wie er daherrede, und daß jedes Dummgeseiche beim großen Gericht dereinst verhandelt werde. Es ist wie immer, wenn er sich in Rage redet. Drohungen und Angebote.

Beweise *[Matth. 12,38–42]*

Er solle doch mal Beweise dafür liefern, daß er wirklich Gottes Sohn sei.

»Nichts da mit Beweisen. Soll ich meine ganze Zeit mit solchem Mist verplempern? Wer seine Augen nicht nur als Schminkflecken benutzt, sollte doch eigentlich jetzt allmählich mal beweisemäßig bedient sein, oder? Laßt euch von mir aus die Sache mit Jonas noch mal durch den Kopf gehen. Der war drei Tage und Nächte im Bauch vom Fisch, und ich werde drei Tage und Nächte im Bauch der Erde sein.«

Die Logistik der Dämonen [Matth. 12,43–45]

Ein andermal erklärt er den Weg, den ein Dämon geht, wenn er erst mal ausgetrieben ist. Also, der Dämon wandert durch die Wüste und sucht nach einer Wohnung. Da aber auch für Dämonen Wohnungsknappheit herrscht, kann es gut sein, daß er keine passende findet. Entweder sind die Wohnungen zu klein, oder sie haben keine Dusche, keinen Balkon oder nur einen, der zur Straße rausgeht. Irgendwas ist immer dran auszusetzen, und wenn der Dämon ein bißchen verwöhnt ist, weil zum Beispiel der von ihm Besessene Fabrikant oder Bürgermeister war, dann will der Dämon dahin zurück. Klar, war ja komfortabler als die Schrottbuden, die es in der Wüste gibt.

Dann kommt der Dämon also desillusioniert zurück, und wenn er jetzt die Wohnung leer findet, pfeift er sofort sieben Kumpels zusammen, und sie ziehen ein und machen einen drauf, daß kein Stein mehr auf dem andern bleibt. Acht Dämonen! Das muß man sich mal vorstellen. Und alle außer Rand und Band. Der arme Bürgermeister oder Fabrikant hat's dann noch siebenmal schlechter erwischt als vor der Austreibung. Genauso wird es, meint Jesus, dieser blöden und nichtsnutzigen Generation ergehen. Sie wird siebenmal schlechter dran sein als vorher.

Ja, die Verwandtschaft. Zwei *[Matth. 12,46–50]*

Die Tournee geht weiter, der Troß ist mittlerweile riesengroß. Langsam fängt Jesus an, charakterliche Verfallserscheinungen zu zeigen. Wie jeder Popstar. Eines Abends, kurz vor der Vorstellung, Jesus hat ein bißchen Lampenfieber, weil das Stadion zweimal hintereinander ausverkauft ist, da kommt einer der Bühnenhelfer zu ihm und sagt: »Draußen stehen deine Mutter und deine Brüder. Sie wollen dich besuchen.«

Er kann jetzt unmöglich raus, und es gibt noch nicht mal mehr Freikarten für den unerwarteten Besuch. Dafür flicht er in seine Rede ein, daß alle Leute hier, das Publikum, die Stage Hands, die Roadcrew, die Jünger, einfach alle, eine einzige große Familie seien. »Ihr seid meine Mutter und meine Brüder«, sagt er unter donnerndem Applaus. So was kommt immer gut.

Gleichnisse. Eins *[Matth. 13,1–9]*

Manchmal improvisiert er auch Auftritte. Wenn sich eine genügend große Menge zusammengerottet hat, nimmt er den erstbesten Felsen oder Hügel oder sonstwas als Rednerpult und spricht aus dem Stegreif. Einmal steht er in einem Boot, und die Leute am Ufer. Er spricht in Gleichnissen. Das tut er in der letzten Zeit gern. Die ewigen Verheißungen und Drohungen sind ihm doch ein bißchen langweilig geworden. Er erzählt die Geschichte vom Sämann.

»Also der Sämann, der säte auf seinem Feld. Ein Teil der Körner fiel auf den Weg, den fraßen die Vögel. Haps, waren alle Körner futsch. Ein anderer Teil fiel auf felsigen Boden und ging zu früh auf, weil es da nicht genug Erde gab. Diesen Teil verbrannte die Sonne, und ebenso futsch war er. Noch ein anderer Teil fiel in die Dornen und wurde erstickt. Futschissimo. Ein letzter Teil aber fiel zum Glück auf guten Boden und brachte hundertfach, sechzigfach, dreißigfach Frucht. Was lernt uns das? Abgesehen davon, daß der Sämann recht unprofessionell geworfen haben muß, ist es doch eine ganz schöne Rendite. Wer Ohren hat, der höre.«

Gleichnisse. Zwei *[Matth. 13,10–17]*

Einer der beiden Bodyguards, die mit ihm im Boot sitzen, fragt leise, wieso er denn in Gleichnissen redet. Sonst hat er doch immer Klartext bevorzugt. Warum jetzt plötzlich diese Märchen?

»Daß *du* das checkst«, antwortete Jesus, »ist mir klar. Aber die Leute hier? Beim Grips ist es wie im Kapitalismus: Wer hat, dem wird gegeben, aber wer nicht hat, dem wird auch noch weggenommen. So ist das nun mal leider. Diese Leute hier, die hören und begreifen nichts. Diese Leute hier hat Jesaja gemeint, als er sagte: *Hören sollt ihr, hören, aber nicht verstehen; / sehen sollt ihr, sehen, aber nicht erkennen.*

Denn das Herz dieses Volkes ist hart geworden, / und mit ihren Ohren hören sie nur schwer, / und ihre Augen halten sie geschlossen, / damit sie mit ihren Augen nicht sehen / und mit ihren Ohren nicht hören, / damit sie mit ihrem Herzen nicht zur Einsicht kommen, / damit sie sich nicht bekehren und ich sie nicht heile.«

»Bist ja ganz schön belesen«, sagt der Bodyguard.

Gleichnisse. Drei bis Zehn *[Matth. 13,18–50]*

Das Reden in Gleichnissen kommt dermaßen gut an, daß Jesus eins ums andere nachlegt. Vom Unkraut und vom Weizen hat er's, von einem Senfkorn, das so klein sei und dann doch ein so großer Baum würde, daß das Himmelreich ein Sauerteig sei oder ein Perlenschatz, den man im Acker vergraben kann, und darüber hinaus sei es auch noch wie ein Fischnetz. Man werfe nämlich die schlechten Fische weg und behalte bloß die guten. Wie bei den Menschen. Da werfe man dann auch die Bösen weg und lasse bloß die Guten ins Himmelreich. Das Himmelreich sei eine gute Adresse, in der Bösewichter nichts verloren hätten undsoweiter.

Gleichnisse. Ende *[Matth. 13,51–53]*

»Kapiert?« ruft Jesus am Ende dieser langen Rede, und die Menge antwortet mit einem brausenden »Klar«.

»Also dann«, sagt Jesus, »jeder von euch, der ein Jünger von mir ist, gleicht ab jetzt einem Hausherrn, der erlesene Stücke vom Speicher holt. Das war's für diesmal, ihr wart ein tolles Publikum, wir sehn uns wieder.

Wenn nicht in diesem Leben, dann im nächsten. Tschau.« Und geht ab.

Der gute alte Kleinstadt-Blues

[Matth. 13,54–58/Luk. 4,16–30/Joh. 6,42]

Ach, es ist doch immer dasselbe. Da können dir ganz Judäa und Palästina und sonst noch was zu Füßen liegen, zu Hause haben sie kein Arschrunzeln für dich. Jesus hat sich wirklich ein bißchen auf das Gastspiel in Nazareth gefreut, hat sich vorgestellt, daß die Jungs und Mädels aus der Nachbarschaft doch eigentlich ganz schön stolz auf ihn sein müßten, jetzt, wo er fast jeden Tag in der Zeitung steht.

Pfeifendeckel, nichts ist mit stolz. Als er mit weichen Knien die Synagogenbühne betritt, empfängt ihn eine Eiseskälte aus dem Zuschauerraum. Jesus kann zwar wegen der Scheinwerfer niemanden sehen, aber er weiß genau, daß sie alle da sind. Das spürt er am Raunen. Außerdem hat er heute nachmittag im Eiscafé statt Schulterklopfen und großem Hallo allerlei spitze Bemerkungen zu hören bekommen. So im Vorbeigehen. So à la: »Mal seh'n, was du heut' abend zu bieten hast« Oder: »Eh, große Nummer, biste auch mal wieder im Kaff?« Oder: »Hallo Schreiner, making it big, was? Muß man vielleicht jetzt Herr Oberschreiner zu dir sagen?«

Tja und genau so wie diese spitzen Bemerkungen hört sich jetzt der spärliche Applaus an. Feindselig, mißgünstig, neidhammelig.

Dabei hat Jesus ein paar ausgemachte Hämmer für

diesen Abend reserviert. Zum Beispiel: »Ich predige das Evangelium der Armen, ich bin gesandt zu den Gefangenen, den Blinden und Zerschlagenen. Ich verkündige das Gnadenjahr des Herrn.«

Aber schon nach den ersten Sätzen kommt hämisches Gelächter aus dem Publikum, nach zehn Minuten grölen sie Sauflieder, und nach einer halben Stunde bricht Jesus die Veranstaltung ab.

Einer brüllt: »Du kannst doch nicht weise sein, Eddi, du hast doch schon hinter meiner Tochter hergeschielt, als du dreizehn warst. Gib doch nicht so an.«

»Ich heiße Jesus«, sagt Jesus nur.

»Ich kenne deinen Vater besser, als der *dich* kennt, da werd' ich doch wissen, wie du heißt. Angeber.«

»Ach blast mir doch alle in den Schuh«, sagt Jesus und geht von der Bühne.

Jetzt ist die Meute richtig wild geworden. Sie schubsen die Jünger zur Seite und schleppen ihn auf einen Berg, von dem sie ihn runterschmeißen wollen. Natürlich geht die Rechnung nicht auf, Jesus geht einfach mitten durch sie hindurch und zurück in die Stadt. Dort verkriecht er sich mit den Jungs im Hotel und trinkt ein bißchen mehr als üblich. Und sogar die Kellner behandeln ihn schlecht. Sie knallen die Pizzas auf den Tisch, daß die Peperoni hüpfen und die Käseblasen kleine Dellen bekommen. Dabei besteht der halbe Fremdenverkehr in diesem Schnarchzipfel der Welt aus Jesus-Anhängern, Jesus-Touristen und Jesus-Forschern. Es ist so ungerecht.

»Der Prophet im eigenen Land«, sagt er zu seinen Jungs, »das kennt man ja.« Und geht traurig ins Bett. Vor dem Einschlafen denkt er noch, ob die Leute alle so sauer waren, weil sie das von Mutti und meinen Geschwistern gehört haben? Daß ich die nicht sehen wollte, kürzlich in ... wie hieß die Stadt noch?

Und wünschte, jetzt käme Maria zur Tür herein und sagte: »Pfeif doch auf die Deppen, mein Junge. *Ich* weiß, daß du gut bist.«

Am nächsten Morgen tut er extra nur zwei, drei Wunder. Grad so zwischen Tür und Angel. Daß diese Idioten sehen, wie er das macht. Mit links nämlich. Aber nicht so viele, daß die Stadt was davon hätte. Nur so, daß sie merken, was ihnen entgeht.

Potentaten ... *[Matth. 14,1–2]*

So ein Kleinfürst in der Gegend, dem ein paar Städte und reichlich Agrarland gehören, er heißt auch Herodes, das ist zu der Zeit ein beliebter Name im Adel, jedenfalls dieser Kleinfürst hört von Jesus und wird ganz bleich. »Das ist Johannes der Täufer«, sagt er, »der ist von den Toten auferstanden. Das *muß* Johannes der Täufer sein. Es ist genau dieselbe Handschrift. All diese Wunder und so.«

... können sich alles leisten *[Matth. 14,3–12]*

Dieser Herodes hat nämlich, was Johannes betrifft, ein sehr schlechtes Gewissen. Hatte der ihm doch die Ehe mit der Exfrau seines Bruders vermiesen wollen, hatte gesagt: »Du hast kein Recht, sie heizuraten, da sie deines Bruders ist.«

Da wollte ihn Herodes gleich aus dem Stand umbringen, überlegte es sich aber doch noch eines Besseren, weil nämlich die Bevölkerung große Stücke auf den Kerl hielt. Also nahm er vorläufig Abstand von dieser Idee, ließ Johannes aber statt dessen in Ketten legen und ins Gefängnis schmeißen. Das war nicht *sehr* viel netter als der Originaleinfall mit dem Umbringen. Bloß eine Nuance. Die Exfrau hieß Herodias.

Bei einem der rauschenden Geburtstagsfeste, die Herodes gern mal steigen ließ, tanzte Herodias' Tochter. Und die tanzte so schön und so toll, daß Herodes meinte, ihr vor lauter Rührung oder Begeisterung jetzt sofort etwas versprechen zu müssen.

»Wünsch dir was«, sagte er, »du bekommst es.«

In diesen Tagen standen die Töchter noch recht häufig unter den Fuchteln ihrer Mütter, und so schaute das Mädchen fragend zu Herodias. Die sah nun die Chance, ihre alte Rechnung mit Johannes zu begleichen, und flüsterte ihrer Tochter zu, sie solle seinen Kopf auf einem Silbertablett verlangen.

Nun hatte sich Herodes zwar schon an die Tatsache, daß Johannes nicht umzubringen sei, gewöhnt, aber versprochen ist versprochen, und so erfuhr das rauschende Fest einen ekligen Höhepunkt, denn alsbald wurde Johannes' Kopf auf einem Silbertablett hereingebracht. Die Tochter gab das gemeine Präsent gleich weiter an ihre Mutter, denn sie konnte eh nichts damit anfangen. Sie selbst hätte sich lieber einen Zweisitzer gewünscht oder einen hübschen Sklaven.

Die Jünger von Johannes holten seinen Leichnam im Gefängnis ab und begruben ihn. Dann gingen sie zu Jesus und erwischten ihn gerade noch, als er das

Hotel in Nazareth, dem Ort seiner Niederlage, verlassen will.

Mangiare hoch viereinhalb *[Matth. 14,13–21]*

Diese Nachricht gibt ihm den Rest. Jetzt reicht's. Nach dem Abend gestern fühlt er sich, als hätte man ihm den einzigen Freund genommen. Johannes, den er bewundert, für den er jederzeit ein Auge hergegeben hätte, ausgerechnet den bringen die Schweine um.

Er will allein sein. Er kann die ganzen Gemeinheiten nicht mehr ab. Ruhe haben, fasten, nachdenken, echt mal mit sich selber klarkommen nach all dem Gerenne und Getue.

Mit dem Boot fährt er in eine einsame Gegend. Jedenfalls denkt er, sie sei einsam. Als er aber ankommt, stehen da schon die Jünger am Ufer, denn sie wollten ihn nicht gerade jetzt, wo er so viel durchmacht, alleine losziehen lassen. Das ginge ja noch, denkt Jesus, die Jungs gehören doch irgendwie zu mir, aber daß hinter den Jüngern Tausende von Fans stehen und auf Heilung, Wunder und ergreifende Reden erpicht sind, das geht dann doch zu weit. Als er sich umdreht, sieht er, daß ihm auch noch welche nachgeschwommen sind, die jetzt, prustend und haareschüttelnd, ans Ufer krabbeln.

Ach, was soll's, denkt er, die Leute vertrauen mir eben. Krieg' ich halt keinen Urlaub. Und er tut erst mal die nötigsten Wunder und heilt die dringendsten Fälle.

Am späten Nachmittag sagt einer der Jünger, Jesus

solle doch bitte die Leute darauf aufmerksam machen, daß es bald Abend werde, und wenn sie noch was zu essen kaufen wollten, müßten sie jetzt dann los. In den umliegenden Dörfern sei der Ladenschluß wie überall um halb sieben. Aber Jesus sagt: »Laß mal, wir versorgen die Leute schon.«

»Aber wir haben doch bloß zwo Fisch und fünf Brot.«

»Mach' ich passend«, sagt Jesus, »gib her.«

Und er gibt den etwa fünftausend Menschen ein Zeichen, daß sie sich ins Gras setzen sollen, nimmt Brote und Fische in die Arme, schaut zum Himmel und betet. Dann bricht er das Brot und zupfelt vom Fisch, und die Jünger tragen die Brocken durch die Reihen. Und es hört nicht auf. In Jesus' Händen wird das Brot zum Dauerbrot und der Fisch zum Dauerfisch. Es reicht für alle. Am Ende sind sogar noch zwölf Körbe übrig. Es ist ein Spitzenwunder. Fünftausend Menschen! Und dazu noch die Frauen und Kinder.

Die zweite Wunderstufe *[Matth. 14,22–33]*

Jetzt, wo die Leute alle satt sind, schickt Jesus sie nach Hause. »Ab mit euch«, ruft er, »bevor es dunkel wird.« Und seine Jünger bittet er, schon mal vorauszufahren, er wolle noch ein bißchen Einkehr halten.

»Aber du machst keine Dummheiten, alter Junge, oder?« fragt Petrus besorgt, denn man wollte ihn ja eigentlich nicht allein lassen mit seinem Kummer. »Keine Sorge«, gibt Jesus ihm zur Antwort, »fahrt los, ich hol' euch ein.«

Die Jünger rudern los, und Jesus geht auf einen Berg und betet. Zwölf Stunden lang. Oder jedenfalls fast. Da er gut sehen kann in der Nacht, fällt ihm auf, daß das Boot mit den Jungs, weit entfernt, in Sturm und Wellengang schlingert. Sie sind keine besonders fixen Ruderer, deshalb sieht er sie immer noch, ein gutes Stück vor dem Horizont, dahinpullen.

Muß ihnen wohl unter die Arme greifen, denkt er und geht los. Direktemang über den See. Die zweite Wunderstufe ist gezündet, jetzt kommen die knalligeren Sachen. Nicht nur, daß er auf dem Wasser geht, er geht auch noch in solchem Tempo, daß er in zehn Minuten beim Boot ist. Die Freunde sind schreckensbleich, das muß ja ein Gespenst sein. Sie bibbern und schnattern und schreien vor Angst. Aber Jesus sagt: »Jetzt flippt doch nicht gleich aus, *ich* bin es doch! Ihr müßtet doch langsam Überraschungen gewohnt sein.«

Das Zähneklappern wird nur etwas leiser, denn so ganz trauen sie der Erscheinung noch nicht. »Wenn du das wirklich bist«, sagt Petrus, »dann mach, daß ich auch auf dem Wasser gehen kann und dich die letzten Meter zum Boot begleite.«

»Auf geht's«, sagt Jesus, und Petrus wagt sich tatsächlich mit den Sandalen auf die Wasserfläche. Es klappt! Er geht drei, vier Schritte, dann wird ihm mulmig. Und je mulmiger ihm wird, desto tiefer sinkt er, und als er mit der Kniescheibe an ein Fischlein bumst, ist es aus mit seinem Pokerface. Er schreit: »Rette mich, bitte!«

Jesus greift nach ihm und zieht ihn mit sich ins Boot. »Du darfst halt nicht dran zweifeln«, sagt er begütigend, »sonst klappt es nicht.«

Als sie beide im Boot sitzen, legt sich der Wind und steigt die Stimmung. Die Jünger klopfen Jesus auf die Schulter und sagen: »Das war aber echt wieder ein Meisterstück. Mein lieber Mann, echt erste Sahne. Wundermäßig kommst du immer besser, echt, kann man noch was lernen, Alter« undsoweiter.

Textilreinigung [Matth. 14,34–36]

Und am andern Ufer stehen sie schon wieder Schlange, um geheilt zu werden. »Bitte reinige uns von unseren Sünden«, sagen sie und knien vor ihm nieder. Da sagt Jesus, sie sollen einfach den Saum seines Mantels anfassen, und jeder, der das tut, ist geheilt und von seinen Sünden gereinigt. Ist ja klar, daß es bei diesem Arbeitsanfall nicht mehr ohne Rationalisierung gehen kann.

Und noch ein paar dumme Fragen [Matth. 15,1–20]

Die ewigen Pharisäer und Schriftgelehrten fehlen auch diesmal nicht, und wie immer stellen sie Fragen. Jesus hat schon eine Eselsgeduld, das muß man ihm lassen. Immer und immer dieses Gefrage von Leuten, die glauben, alles besser zu wissen.

Und er antwortet sachlich oder gütig oder auch mal zornig, aber er antwortet immer.

»Warum mißachten deine Leute Gottes Gebot, indem sie sich nämlich nachweislich nicht die Pfoten vor dem Essen waschen?«

»Und ihr?« kutscht Jesus sofort retour, »ihr setzt das Ehren von Vater und Mutter aus, für den Fall, daß man Gleichwertiges opfert, wie steht's denn da mit Gottes Gebot, hä?«

Gut gegeben, wie immer.

Er sagt noch für alle Umstehenden: »Nicht das, was in den Mund reingeht, ist unrein, sondern eher das, was rauskommt.« Damit erntet er einen Lacher auf Kosten der alten Besserwisser, und sie schleichen sich auch prompt und murren »Unverschämtheit« und »der wird sich noch wundern, dieser Schnösel, dieser arrogante ...«

»Die sind mal wieder ganz schön geladen«, sagt einer der Jünger zu Jesus. »Wenn das mal gutgeht.«

Aber Jesus meint: »Blinde Blindenhunde sind das. Fallen ins nächste Loch und kucken dämlich.«

»Wie meinst'n das jetzt wieder?« fragt Petrus.

»Was?«

»Na, die Rein-Raus-Geschichte. Mit dem Mund. Das kapier' ich wieder mal nicht.«

»Ja seid ihr denn immer noch so bescheuert? Wofür rede ich mir eigentlich den Mund fusselig, den lieben langen Tag? Begreift ihr nicht, daß alles, was durch den Mund in den Menschen reingeht, nach kurzer Zeit schon unten wieder rausfällt? Wenn man jetzt mal von Erbrechen, Mundgeruch und Spucke absieht, dann kommen aus dem Mund *heraus* nur Worte. Und Worte kommen vom Herzen. Und das Herz ist eine miese Gegend, soviel steht fest. Aus dem Herzen kommt der Abschaum der Geschichte: Unzucht, Diebstahl, Blasmusik, falsch Zeugnis, schlecht Noten, Mord, Kinderwunsch und Technicolor-Filme.«

»Und was hat das jetzt mit Rein und Raus zu tun?« Petrus läßt nicht locker.

»Na das, was aus dem Munde *raus*kommt, ist unrein, und das, was man mit ungewaschenen Händen *rein*schiebt, ist o. k. Klar?«

Und dann war da noch diese Heidin ... *[Matth. 15,21–28]*

... die irgendwo in der Gegend von Tyrus oder Sidon auf Jesus zulief und sich nicht von seiner Leibwache abhalten ließ. Sie schrie, er solle bitte Erbarmen haben, auch wenn sie bloß eine Kanaaniterin sei, aber ihre Tochter, also es sei die Tochter aus erster Ehe, allerdings habe sie später dann noch mal heiraten sollen, habe sich aber standhaft geweigert, aber eine zweite Tochter habe man ihr dann doch irgendwie angedreht, jedoch sicher interessiere ihn das im Moment vielleicht nicht so sehr, jedenfalls diese Tochter, also die Tochter aus der einzigen Ehe, der Begriff ›erste Ehe‹ sei im Eifer gefallen und nicht ganz zutreffend, also diese Tochter jedenfalls, sie sei übrigens ein recht hübsches Ding und so mancher fesche Bursch mache schon ein ordentlich Schielens nach ihrem Unterrocke, aber sie wolle nicht vom Thema abkommen, diese Tochter nun habe so ein Dings ..., äh, so eine ... wie heißt denn das jetzt wieder ... wie sagte der Arzt? ... ach ja, eine Dämonin quäle sie. Eine Dämonin. Könne aber auch ein Dämon sein, habe der Arzt gesagt, das Geschlecht sei bei diesen Leuten sehr schwer festzustellen, denn es vermische sich mit dem Geschlecht der Wirtsperson, wenn jetzt also zum Beispiel ein männlicher Dämon in einer weiblichen Tochter, bloß mal zum Beispiel jetzt, wenn dieser Dämon jetzt in einer weiblichen Frau wohne, dann könne es passieren, habe der Arzt jedenfalls so gesagt, daß er klinge, wie wenn er eine Dämonin sei, obwohl in Wirklichkeit männlichen Geschlechtes, aber er nehme sich dann quasi der Frauenthemen an und tue so, als verstünde er alles, was eine Frau so interessiert und womit sie, wie man so sagt, schwanger geht ...

Als die Frau endlich mal Luft holen muß, hat der Troß schon zweieinhalb Kilometer zurückgelegt. Jesus geht einfach geradeaus weiter und gibt keine Antwort. Er schaut nicht einmal auf die Seite, wo die Frau aufgeregt und nach weiteren Worten suchend, nebenher hechelt.

»Hilf doch der Frau«, sagt einer der Jünger, »sie schreit doch so.«

Aber Jesus sagt, das sei nicht sein Zuständigkeitsbereich, er sei nur für die Kinder Israels da. Die Kanaaniter müßten sehen, wo sie bleiben. Er könne sich nicht um alles kümmern, irgendwo müsse doch auch mal eine Grenze sein.

Die Frau sieht an seinem Gesichtsausdruck, daß er sie links liegen lassen will, und stürzt sich einfach zwischen den Beinen der abschirmenden Jünger durch vor ihn auf die Knie. »Hilf mir«, sagt sie.

Offenbar hat Jesus ein massives Vorurteil gegen Kanaaniter, denn er sagt etwas recht Ekelhaftes zu der Frau. Es ist sogar seinen Jüngern peinlich. Aber die Frau zieht eine Augenbraue hoch und sagt: »Mag sein, daß es sich bis zu Dir noch nicht rumgesprochen hat, aber Kanaaniter sind auch Menschen. Seit dem fünften

Februar dieses Jahres sind wir auch Menschen. Kannst du nachlesen in der Genfer Konvention.«

Das erweicht ihn endlich, denn er sieht darin einen Beweis für starken Glauben und macht eine seiner beliebten Fernheilungen. Die Dämonin ist jedenfalls wieder auf der Walz.

Und weiter geht's ... [Matth. 15,29–31]

... mit der Heilung von Kranken. Blinde, Lahme, Taube, Stumme, was da eben so vor sich hinkränkelt und repariert werden will, wird geheilt.

Der Brot-und-Fisch-Trick ... [Matth. 15,32–39]

... funktioniert auch immer noch. Einmal speist er viertausend mit sieben Broten und ca. vier angegammelten Fischen. Und wieder sind ein paar Körbe voll übrig, und wieder sind die Leute hellauf begeistert, und wieder sind mit der Zahl Viertausend nur die Männer gemeint, was nicht heißen soll, daß die Frauen und Kinder nicht auch satt geworden wären. Nur eben nicht mitgezählt.

... und ewig nörgeln die Pharisäer [Matth. 16,1–4]

... nerven wie eh und je und wollen ein Zeichen nach dem andern sehen, damit er beweise, daß er echt sei, aber inzwischen ignoriert er sie nicht mal mehr.

Finger weg! *[Matth. 16,5–12]*

Einmal sagt er seinen Jüngern, die grade wieder mal ächzend über irgendeinen See rudern: »Glaubt bloß den ollen Pharisäern und Sadduzäern nichts. Echt, Jungs, die haben nix wie Scheiß im Kopf. Bloß nicht denen glauben. Die sind voll auf dem falschen Dampfer.«

Alles Bio *[Joh. 9,1–7]*

Und einer der Jünger deutet auf einen Blinden am Wegrand und fragt: »Jetzt bloß mal zum Beispiel, wer ist jetzt der Sünder. Der Blinde oder seine Eltern? Der ist nämlich blind geboren.«

Man dürfe das nicht so kleinkariert sehen, es gehe ums Heilen und nicht ums Richten, sagt Jesus. Und er spuckt auf den Boden, macht einen Brei aus dem Dreck und Speichelgemisch und legt diese Pampe dem Blinden auf die Augen.

»Wenn du's abwäschst, kannst du wieder sehen.«

Prokura für Petrus *[Matth. 16,13–20]*

So langsam muß Jesus aufpassen, daß er kein Magengeschwür kriegt. Er ärgert sich immer öfter, flippt bei den lächerlichsten Kleinigkeiten aus und schimpft wie ein Rohrspatz. Die bei Top-Stars üblichen psychischen Verfallserscheinungen nehmen auch bei ihm mehr und mehr zu. Daß er seine Mami und seine Brüder nicht sehen wollte, war ja fast noch harmlos, daß er der Kanaaniterin nicht helfen wollte, vergessen wir's, daß er bei jeder Gelegenheit aus der Haut fährt, das gibt es auch bei Professoren, aber daß er inzwischen aufhört, von sich selber mit ›Ich‹ zu sprechen, das ist schon bedenklich. Er nennt sich jetzt den ›Menschensohn‹. Keine Ahnung, wo er das her hat, es scheint auf jeden Fall eine Art Regression zu sein. Kleine Kinder können auch nicht ›Ich‹ sagen. Sie sagen: »Der Bertie muß mal Puh machen«, und: »Das ist aber der Ingrid seine Ente, und nicht der vom blöden Fritz.«

Als sich Jesus mal wieder über eine Kleinigkeit aufregt, sagt er: »Wofür halten die Leute den Menschensohn eigentlich?«

Die Jünger sprudeln Antworten daher, denn wenn er sauer ist, verlangt er prompte Auskunft. Sonst hält er wieder eine seiner endlosen Standpauken, und die gehen den Jungs langsam auch auf den Sender. Sie sagen also: »Für Elia oder Johannes den Täufer, für einen namens Sascha, für Jeremia oder sonst einen Propheten.«

»Und ihr, wofür haltet ihr ihn?«

Jetzt antwortet Simon Petrus, der so eine Art Klassensprecher ist für alle. Sie stupsen ihn immer, wenn eine heikle Frage kommt oder wenn man dem Chef eine Kritik unterbreiten muß: »Du bist der Messias«, sagt er, »der Sohn des lebendigen Gottes.«

»Klasse«, sagt Jesus, »du bist ein guter Mann, Simon Barjona, du weißt Bescheid. Auf dich werde ich meine Kirche bauen, und du kriegst den Generalschlüssel für den Himmel. Du bist ab jetzt mein Hausmeister und Generalbevollmächtigter.«

»Danke«, murmelt Petrus verlegen, obwohl er sich für den Gedanken einer Kirche nicht so begeistern kann. Kirchen sind das letzte. In großen Organisationen gehen die guten Ideen vor die Hunde, aber wenn's der Chef will, macht man halt 'ne Kirche. Und außerdem ist er stolz, daß er jetzt die rechte Hand vom Menschensohn sein darf.

Den andern Jüngern schärft Jesus wieder ein, nicht zu verraten, daß er der Messias sei. Das müsse noch geheim bleiben.

Zukunftsaussichten. Eins *[Matth. 16,21–23]*

Seit einiger Zeit sind die Jünger nun schon wieder beim Troß, und auch wenn sie manchmal stöhnen, ist man doch inzwischen ein ganz schön zusammengeschweißter Haufen geworden. Wie Pech und Schwefel halten sie zusammen, und auf Jesus lassen sie eh nichts kommen. Auch wenn sie ihn manchmal ein bißchen übertrieben streng finden.

In der letzten Zeit wird er manchmal so traurig, daß es ihnen fast das Herz zerreißt. Zwar gibt er sich stark und überlegen, so daß es immer den Anschein hat, er müsse die Jünger trösten, aber sie spüren doch, daß sich da ein Schatten auf ihn legt, der nicht so einfach wegzuwischen ist.

Er müsse nach Jerusalem gehen, sagt er, und dort werde er vieles erleiden. Töten werde man ihn schließlich, aber er werde auferstehen, und zwar am dritten Tag.

»Das soll Gott verhüten«, sagt Petrus, »wozu hast du

einen einflußreichen Vater, wenn der nicht mal deinen Tod verhindern kann?«

»Weg mit dir, Satan!« schreit Jesus, »bring mich bloß nicht durcheinander. Der Chef weiß, was er tut. Da haben die Menschen nicht reinzuquatschen. Merk dir das.«

Petrus ist nicht böse, daß Jesus ihn anfährt. Er ist traurig. Traurig, daß dieser Mann sterben soll und nicht mal auf seinen Vater hoffen kann. Ganz leise, so leise, daß Jesus es auf keinen Fall gedankenlesemäßig erfassen kann, denkt er, so einen Vater braucht man grad noch, der einen im Stich läßt, wenn's ernst wird. Nee, nee.

Kreuz? *[Matth. 16,24–28]*

Von diesem Kreuz, das er früher schon erwähnt hat, redet Jesus wieder öfter. Zum Beispiel sagt er: »Wer mein Jünger sein will, der verleugne sich selbst, nehme sein Kreuz auf sich und folge mir nach.« Und dann sagt er noch, man verlöre sein Leben, wenn man es retten wolle, gewinne es aber, wenn man es um seinetwillen verlöre.

Die Jungs werden traurig, wenn er in diesen wolkigen Andeutungen redet, denn bisher hat er ja immer recht gehabt. Und dieses dauernde ›Menschensohn‹. Je öfter er es sagt, desto dunkler klingt es.

Durchsichtig *[Matth. 17,1–9]*

Und dann passiert was Komisches. Jesus nimmt Petrus, Jakobus und Johannes auf eine kleine Bergtour mit. Berge gibt es genügend in dieser Gegend, und alle paar Wochen braucht er das einfach, daß er mal so richtig atmen kann. Der Berg, auf den sie klettern, ist hoch, und die drei sind schlapp, als man endlich oben ankommt. Gerade wollen sie sich auf den Boden schmeißen, um nach Luft zu japsen, da hält sie ein seltsamer Anblick davon ab.

Jesus wird ganz durchsichtig. Er sieht aus, als wäre er aus Glas, und sein Gesicht leuchtet wie Gold. Unheimlich. Plötzlich treten auch noch zwei Gestalten zu ihm. Die sehen aus wie Moses und Elias und unterhalten sich angeregt mit Jesus, als würden sie sich schon lange kennen und regelmäßig hier oben treffen.

Petrus ist so verlegen und erstaunt wie die anderen beiden, aber, wie immer, traut er sich, was zu sagen. Zwar weiß er nicht, was er reden soll, aber er hat das Gefühl, er müsse zeigen, daß Jesus auch in gläserner Form auf ihn bauen kann. Bauen, das ist die Idee. Er sagt: »Soll ich mal drei Hütten bauen für euch? Ich könnte für dich und Elia und Moses je eine Hütte bauen. Hier oben ist es nicht schlecht, da könntet ihr dann auch mal mehrtägige Konferenzen abhalten. Na, wie isses?«

Die drei schauen zu ihm her, aber noch bevor einer von ihnen auf den Vorschlag eingehen kann, kommt eine leuchtende Wolke und spricht: »Achtung, Achtung, hier spricht die Geschäftsleitung. Eine wichtige Durchsage: Das hier ist mein geliebter Sohn, an dem ich Gefallen gefunden habe. Hört auf ihn. Ende der Durchsage.«

Jetzt schmeißen die drei sich doch auf den Boden. Diesmal, um vor lauter Angst zu japsen. Diese Psi-Phänomene aus dem Hinterhalt schlauchen einen seelisch doch ganz ordentlich.

Jesus kommt zu ihnen, nimmt sie an der Hand und sagt, sie sollten keine Angst haben. Als sie sich wieder aufzuschauen trauen, sind Moses und Elias weg, und Jesus ist wieder aus Fleisch und Blut.

»Das bleibt unter uns«, sagt Jesus beim Abstieg, den sie ansonsten schweigsam hinter sich bringen.

Elias Alias *[Matth. 17,10–13]*

Unten in der Ebene lockert sich die Stimmung, und sie reden über dies und jenes, bis Jesus schließlich fragt: »Ist euch an Elias was aufgefallen?«

»Eigentlich nicht«, sagt Petrus nach kurzem Zögern, »außer vielleicht, daß er auch so durchsichtig war wie du und Moses. Was meinst'n?«

»Ach nichts«, sagt Jesus, »ich dachte nur. Er ist nämlich mein bester Freund.«

»Dein bester Freund? Aber wir glaubten immer, Johann ...«, und Petrus schlägt sich vor die Stirn. »Jetzt hab' ich's! Johannes! Er sah aus wie Johannes der Täufer, stimmt's?«

»Du hast's erfaßt.«

Jetzt wird den Jüngern einiges klar. Daß nämlich Elias wiederkommen sollte, ist allgemein bekannt, daß er aber schon da war, in der Gestalt von Johannes dem

Täufer, das hat wieder mal keiner mitgekriegt. Ist ja irre.

Der Glaube macht den Landschaftsgärtner

[Matth. 17,14–21]

Als Jesus einen mondsüchtigen Jungen, an dessen Heilung sich die Jünger schon vergeblich versucht haben, im Nu wieder hinkriegt, sind sie ein bißchen eingeschnappt und fragen: »Warum hat das bei uns nicht geklappt?«

»Zuwenig Glaube«, sagt Jesus. »Wenn ihr nur einen senfkorngroßen Glauben hättet, könntet ihr diesen Berg hier verschieben.«

Das Angeben mit seinen Leistungen kann er halt doch nicht auf Dauer sein lassen.

Zukunftsaussichten. Zwei

[Matth. 17,22–23]

»Der Menschensohn«, sagt Jesus irgendwann mal wieder, und die Jünger wissen, daß was Negatives kommt, »der Menschensohn wird den Menschen ausgeliefert werden, und sie werden ihn töten, und er wird auferstehen, und zwar am dritten Tag, und zwar basta.«

Es ist klar, daß er keine Antwort erwartet.

Was ist von all den bedrückenden Voraussagen zu erwarten, werden sie eintreffen? Was bereitet man in Pharisäerkreisen vor? Wie werden Jesus und seine Freunde den Streß der großen Tour überstehen, und werden sie sich in die Hauptstadt wagen, obwohl sich dort recht deutlich etwas zusammenbraut? Sind die Aussichten für das große sozialhygienische Projekt eher rosig oder schwarz wie Kohle? Zum Thema Kohle und wie es überhaupt weitergeht, lesen Sie im

3. BUCH
JESUS UND KEIN ENDE

3. BUCH

JESUS UND KEIN ENDE

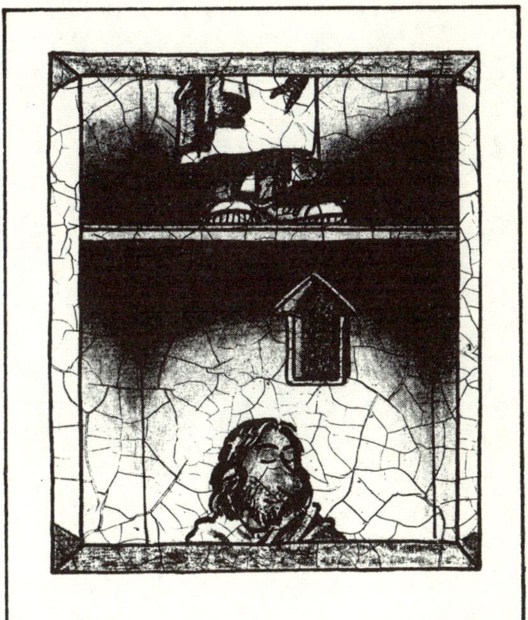

Kost' alles Kohle [*Matth.* 17,24–27]

»Bist du hier der Reiseleiter?« sagt der Mann vor dem Tempel in Kapernaum zu Petrus und kommt aus seinem Kassenhäuschen geschlurft.

»Reiseleiter?«

»Na ja, oder Roadmanager, oder wie ihr modernen Heinis das nennt. Ich will wissen, an wen ich mich wenden muß, wegen dem Eintritt.«

»Des Eintritts«, sagt Petrus, »es muß heißen *des* Eintritts. Ja, da kannst du dich an mich wenden.«

»Kost' 'ne Doppeldrachme pro Figur«, sagt der Kassierer.

Jesus, der sich den Dialog amüsiert angehört hat, sagt zu Petrus: »Komm, wir wollen keinen Terz machen. Was wissen die Leute hier schon davon, daß es nicht unser Stil ist, mit Geld in den Taschen herumzulaufen. Geh einfach einen Fisch angeln. Siehst dann schon.«

Und Petrus geht einen Fisch angeln, und der hat genau die Summe im Maul, die der Eintritt kostet. Wundert uns ja nicht. Aber der Tempeltorhüter schaut seltsam drein, als er die glitschigen Münzen in sein Kästchen sortiert.

Die Rührung beim Anblick von Kindern *[Matth. 18,1–5]*

»Hab' ich euch eigentlich schon mal gesagt«, fragt Jesus, als er ein niedliches Kind am Wegrand spielen sieht, »daß der kleinste auf Erden der größte im Himmel sein wird?«

»Ist sinngemäß schon mal gekommen, ja«, sagt der Exeget, ohne in seinen mittlerweile recht umfangreichen Unterlagen blättern zu müssen.

»Ach«, Jesus klingt etwas irritiert, »und daß ihr werden müßt wie die Kinder, damit ihr in den Himmel kommt?«

»Nein, das ist jetzt neu.«

»Und daß, wer ein Kind um meinetwillen aufnimmt, quasi mich damit aufnimmt?«

»Auch neu.«

Verführungsverbot *[Matth. 18,6–11]*

»Wer so ein Kind verführt, der gehört mit einem Mühlstein um den Hals ins Wasser geschmissen«, fährt Jesus fort, »obwohl es ja Verführung geben muß, damit man ihr widerstehen kann. Aber trotzdem, Verführer sind das letzte.«

Und sie spazieren so weiter, bis Jesus fragt: »Die Sache mit der Hand, die man abhacken soll, wenn sie Blödsinn machen will, hab' ich die schon erwähnt?«

»Könnte im Grundsatzprogramm gewesen sein.«

»Daß man lieber mit 'ner abben Hand im Himmel, als ohne abbe Hand in der Hölle sein soll?«

»Glaube ja«.

»Das mit den Augen?«

»Ja.«

Das ist heute offenbar kein Tag für Worte. Um nicht ganz blöd dazustehen, sagt Jesus, man solle die Kinder ja nicht verachten. Das ist insofern ein schlauer Trick, als garantiert bisher noch niemand auf die Idee gekommen ist, ein Kind zu verachten. Da ist die Gefahr, sich zu wiederholen, gering.

Schlechte Geschäftsleute [Matth. 18,12–14]

»Und wißt ihr auch, warum man sie nicht verachten soll?«

Natürlich antwortet niemand, und Jesus erklärt, mit den Kindern sei es, wie wenn einer hundert Schafe habe, von denen sich eines verirre. Natürlich lasse er die restlichen neunundneunzig Schafe unbeaufsichtigt, um das verirrte zu suchen. Und wenn er es dann finde, dann freue er sich mehr über dieses Schaf als über die neunundneunzig anderen. So einer sei Gott, der sich auch über ein verlorenes Kind mehr freue als über die nicht verlorenen.

»Laßt uns verlorengehen«, sagt Johannes, »dann mag er uns mehr«, aber er erntet einen so strengen Blick von Jesus, daß er sich fast verschluckt.

Familienmitglieder verpetzen [Matth. 18,15–20]

»Stellt euch mal vor, euer Bruder sündigt, was tut ihr dann?«

Keine Antwort. Es ist der Tag der rhetorischen Fragen.

»Zuerst mal stellt ihr ihn zur Rede, unter vier Augen. Hat er's dann noch nicht begriffen, dann geht ihr mit zwei Zeugen zu ihm, dann weiß er, daß es ernst wird. Wenn er dann immer noch auf stur macht, dann verpetzt ihn rigoros. Schreit es in der ganzen Gemeinde rum, was er für ein Miesling ist, und wenn er dann noch immer nicht spurt, dann vergeßt ihn.«

Genaue Vergebungszahlen *[Matth. 18,21–22]*

Petrus fragt, wie oft man seinem Bruder vergeben müsse, wenn er sich gegen einen versündigt.

»Rate«, sagt Jesus.

»Siebenmal?«

»Siebenundsiebzigmal.«

Güte im Dominoverfahren *[Matth. 18,23–25]*

Es scheint doch nicht so schlecht zu laufen heute. Jesus kommt wieder richtig in Schwung, und bevor er's wieder vergißt, erzählt er ein Gleichnis.

»Ein König machte einmal Kassensturz, und da er sah, es war Ebbe auf dem Apanagenkonto, befahl er seine Gläubiger zu sich. Einer von ihnen, es war ein Diener des Hofes, schuldete ihm zehntausend Talente. Nicht unerklecklich, möchte man sagen. Aber wie das eben so geht, auch im Säckel des Dieners herrschte Niederwasser, und so bat der um Gnade und darum, daß man ihn nicht in den Knast stecken möge, noch ihn mitsamt Hof, Hund, Frau und Sohn an irgendeinen Sklavenhändler verkaufen. Er werde das Geld echt noch auftreiben, er verspreche es hoch und heilig. Ehrlich.

Der König hatte seinen guten Tag, ließ sich erweichen und schenkte dem Mann die Schuld. Mußte man halt mal für 'ne Weile mit zwei Kutschen weniger auskommen oder eine fesche Jagdgesellschaft ausfallen lassen.

Der Diener war fein raus und ging schnurstracks zu einem Kumpel, dem *er* irgendwann mal hundert Denare gepumpt hatte. Der Denar verhält sich zum Talent in etwa so, wie der Grand Prix d'Eurovision zu Seargent Pepper's Lonely Hearts Club Band. Oder wie Konsalik zu Remarque. Jetzt mal wertmäßig gesehen. Diesen Kumpel also schüttelte und würgte er alsbald, daß diesem die hundert Denare aus allen Ritzen fallen möchten. Was sie aber nicht taten, denn auch der war pleite.

Diese eher unschöne Szene sahen einige andere Diener und verpfiffen den eben davongekommenen beim König. Der nun war erbost, denn er hätte sich etwas mehr Kulanz von diesem Kerl erwartet. Schenkt man dem Rüpel zehntausend Talente, und der hat nichts Besseres zu tun, als seinerseits bei einem Schuldner hundert Denare rauszumelken. Unappetitlich sowas.

›Storno!‹ rief der König und ließ den Diener foltern, bis daß er mit den zehntausend rüberkäme. Und jetzt kommt der Clou, Leute, so isses nämlich auch mit Gott, meinem himmlischen Vater. Trickst ihn nicht aus. Wenn er euch schon vergibt, dann vergebt ihr auch gefälligst euren Schuldigern, weil es ansonsten nämlich rappelt im Karton.«

Grenzübertritt *[Matth. 19,1–2]*

Und ins Reden (Jesus) und Zuhören (die Jungs) versunken, latscht der ganze Pulk über die Grenze Judäa-Galiläa. Und immer wird, neben all der Erzählerei und Marschiererei, lässig links und rechts geheilt und gesegnet, was das Zeug hält.

Noch 'ne Falle *[Matth. 19,3–12]*

Und immer wieder schleichen sich ein paar Pharisäer unter die Kranken, um Jesus am Zeug zu flicken. Es scheint so, als hätten die nichts anderes zu tun, als an ihm rumzuzwicken, ob man ihn nicht doch mal so richtig aufs Kreuz legen kann. Vielleicht haben sie auch wechselnde Schichten eingerichtet, und immer zwei von ihnen müssen auf die Walz, um Jesus zu linken. Kann sein, jedenfalls hört die Nerverei mit ihnen nie auf.

»Darf man seine Frau aus jedem beliebigen Grund in den Wind schießen?« fragt einer, der, bis er endlich zu Jesus vorgedrungen ist, so getan hat, als schleppe er irgendein Zipperlein mit sich herum.

Jesus reagiert aus dem Stand, denn die Typen riecht er inzwischen schon aus zehn Metern Entfernung. »Darf man nicht«, sagt er, »denn der Schöpfer hat ursprünglich Mann und Frau als *ein* Ding erschaffen. Logischerweise würdest du deine Rippe in den Wind schießen, wenn man's mal genau nimmt. Ihr seid als *ein* Fleisch gedacht. Kapierst du? Was Gott zusammengebaut hat, darf der Mensch nicht auseinanderbasteln.

Falls du schlau genug bist, kannst du auch über den Unterschied zwischen bauen und basteln, auf den ich nicht ganz zufällig gekommen bin, nachdenken.«

»Wieso sagt dann Moses, daß man seine Frau nur mit Scheidungsurkunde gehen lassen darf?« Der Typ läßt nicht locker, so schnell gibt er sich nicht geschlagen. Schließlich ist er vorbereitet. Hat sich in das Thema eingelesen.

»Moses ist ja nun ein persönlicher Freund von mir und ich weiß, daß er das nur gesagt hat, weil ihr so hartherzige Blödmänner seid. Er hat euch halt ein bißchen nachgegeben, damit ihr nicht noch größeren Stuß anrichtet. Ursprünglich war der Plan aber der, daß man seine Frau behält.«

Der Pharisäer trollt sich maulend, aber jetzt haben die Jünger spitze Ohren gekriegt. »Dann ist es aber nicht sehr schlau zu heiraten«, sagen sie, »wenn man keine Fehlertoleranz mehr hat.«

»Müßt ihr mit euch ausmachen, Jungs«, sagt Jesus, »der eine packt's, der andre nicht. Ist sozusagen auch nicht mein Problem.«

Obwohl … *[Matth. 19,13–15]*

… er auf Kinder besonders gut kann. Aber das hat ja nicht direkt was mit Heiraten zu tun. Einmal, als ihn die Jünger vor Überarbeitung zu schützen versuchen und eine Menge Leute, die ihre Kinder gesegnet haben wollen, abdrängen, sagt Jesus: »Lasset die Kindlein zu mir kommen.« Obwohl er wirklich eine kleine Pause gebrauchen könnte.

Schleichwerbung *[Matth. 19,16–30]*

Ein gutgekleideter Jüngling mit ordentlich geschnittenem Haar entsteigt einer Turbo-Sänfte und sagt zu Jesus, er wolle gut sein. Was man denn da mache.

Man befolge die Gebote, meint Jesus, aber im übrigen solle er sich nicht einbilden, der Beste zu werden. Das sei nur einer, er dürfe mal raten, wer. Also, die Gebote: Man töte nicht, man breche die Ehe nicht, man klaue nicht und lüge nicht; man ehre Vater und Mutter (bei dem Gebot kriegt Jesus einen kleinen Ausschlag im Gesicht, aber keiner merkt was) und liebe seinen Nächsten wie sich selbst.

»Mach' ich längst«, sagt der Junge, »ist das alles?«

Na, wenn er nicht nur gut, sondern auch Spitze sein wolle, sagt Jesus, dann könne er ja seinen Besitz verscheuern und das Geld den Armen geben.

Dieser letzte Vorschlag trifft nicht so ganz auf ungeteilte Begeisterung bei dem Mann, was man daran sieht, daß er abgetörnt, aber schwungvoll seine Sänfte besteigt und ohne ein weiteres Wort davonbraust.

»Amen, das sage ich euch«, entkrampft Jesus die etwas peinliche Situation zu seinen Jüngern gewandt, »eher geht eine Schachtel Camel durch ein Nadelöhr, als daß ein Reicher in den Himmel kommt.«

»Ein Raucher?« fragt der Exeget.

»Ein Reicher. Mit Ei.«

Dadurch wird aber die Stimmung eher schlechter, denn die Jünger fragen sofort: »Ja, wen soll man denn da noch retten? Die Armen haben wir jetzt dann bald alle durch, und dann soll Schluß sein?«

»Tja, Leute«, meint Jesus unbekümmert, »so ist es

eben. Was wir nicht packen, muß Gott eben alleine schaffen.«

Er hat einfach gerade unbezwingbar gute Laune, und die läßt er sich von keinem reichen Schnösel, keinem Pharisäer und keinen beruflichen Konjunkturflautenvorstellungen seiner Jungs verderben.

Gehälter *[Matth. 20,1–16]*

»Stellt euch mal einen Weinbauern vor, der sich morgens ein paar Leute für die Weinlese engagiert und mit denen einen Tageslohn von einem Denar ausmacht. Dann holt er sich mittags noch ein paar Mann und macht die gleiche Löhnung klar. Dann holt er sich nachmittags um vier noch 'ne Handvoll zum selben Tarif.

Jetzt gibt es abends, wenn die Auszahlung erfolgt, natürlich Gemecker, weil die einen für ihren Denar einen ganzen Tag malocht haben, die andern nur einen halben Tag und die dritten sogar bloß paar Stunden. Da sagt der Weingutsbesitzer zu den Leuten: ›Hab' ich nicht bezahlt, was ausgemacht war? Was seid ihr neidisch? Ich darf mein Geld doch verputzen, wie ich lustig bin.‹ So ist es, wenn die ersten die letzten sind. Zum Beispiel.«

Zukunftsaussichten. Drei *[Matth. 20,17–19]*

Richtung Jerusalem nimmt Jesus seine zwölf Jünger beiseite und sagt: »Euer Menschensohn wird jetzt dann demnächst den Hohepriestern ausgeliefert. Sie werden ihn zum Tod verurteilen und den Heiden übergeben, damit er verspottet, gegeißelt und gekreuzigt wird, aber am dritten Tag wird er auferstehen.«

Keiner der Jünger sagt etwas. Der Kloß in ihrem Hals macht das Sprechen unmöglich.

Familienbesuch *[Matth. 20,10–28]*

Der Exeget hat sich ein Stückchen von den anderen entfernt, um von Jesus' Gedankenleserei unbehelligt zu sein, denn er kapiert das Beispiel mit dem Weinbauern immer noch nicht. Und außerdem, was hat er denn dauernd mit diesem Auferstehen? Was soll denn das für ein Wort sein? Die Steigerung von Aufstehen vielleicht? Aufstehen, auferstehen, am aufesten stehen? Kann kaum sein. Klingt völlig blöd.

Als er bemerkt, daß die Frau des Zebedäus, das ist die Mutter von zwei Jüngern, zum Troß stößt, geht er wieder zurück. Kann er ja nicht versäumen, muß er ja vielleicht mitschreiben.

Familienbesuch ist immer ein Problem, wenn solche fest eingeschworenen Männervereine zusammen unterwegs sind. Meistens wird dann die gruppendynamische Spezialchemie gestört, und es braucht unheimlich lang, bis wieder alles so läuft, wie es laufen soll. Deshalb ist Jesus auch nicht sehr erfreut über den Anblick der Frau.

Und gleich fällt sie auch vor ihm auf die Knie und will, daß er verspricht, ihre beiden Jungs im Himmel neben sich sitzen zu lassen.

»Ich bin doch nicht der Platzanweiser«, sagt Jesus,

»das ist nicht ganz mein Aufgabengebiet.« Und zu den beiden Jüngern, um die es geht, gewandt, fragt er: »Könnt ihr aus meiner Tasse trinken?«

»Klar«, sagen die. Aber das ist nicht ganz das, was er hören wollte. Aus dem Konzept gebracht, erwidert er: »Na ja, vielleicht könnt ihr das, aber das heißt noch lang nicht, daß ich euch einen Platz reserviere, bloß weil eure Mutti mich drum bittet. Das macht alles mein Vater. Der kennt sich besser aus im Himmel als ich, ich bin ja die ganze Zeit hier unten beschäftigt und weiß gar nicht, worauf es bei der himmlischen Sitzordnung ankommt.«

Jetzt werden auch die anderen Jünger sauer. Was soll denn dieses affige Vorgedrängel. Jetzt hält man hier in Sturm und Ärger zusammen, und dann wollen die plötzlich den besten Sitzplatz im Himmel.

»Tja, Freunde«, sagt Jesus zu ihnen, »da seht ihr's mal, wie einen die Macht korrumpiert. Das soll euch nicht passieren. Es wäre schade um euch. Ihr seid alles gute Jungs, und ihr solltet einfach daran festhalten, daß man dienen muß. Ich will auch nicht bedient werden. Ich will dienen. Das sind wir uns stilmäßig irgendwie schuldig. Also keine Rangeleien, keine Machtsymbole und keine Vorteile. Ich geb' sogar mein Leben als Lösegeld für die andern. Ich bin die Geisel. Angeber brauchen wir hier nicht.«

Gut gesprochen. Die Gruppenchemie ist auf einen Schlag wiederhergestellt, und die Mami trollt sich.

Und jetzt sieht man auch schon die anmutige Silhouette von Jerusalem am Horizont. »Es wird ernst, Freunde«, sagt Jesus und bittet zwei Jünger, ihm im nächsten Dorf eine Eselin mit einem Fohlen zu besorgen.

»Nur geliehen«, rufen die Jünger über den Zaun, als sie die Eselin, die tatsächlich nur auf sie gewartet zu haben scheint, losbinden und den vorwurfsvollen Blick einer Bäuerin auf sich ruhen fühlen.

Sie kommen zurück mit den beiden Tieren, und Jesus sieht den Exegeten grinsen und in den gesammelten Reden von Elias blättern. Er trägt einen süffisanten Gesichtsausdruck unterm Pony.

»Was gibt es da zu grinsen?« fragt Jesus, denn er weiß, was der Junge denkt.

»Ach, nur so 'ne Logelei«, sagt der, »ich frage mich, ob Elias genau wußte, was du tun wirst, oder ob du genau tust, was Elias prophezeit hat.«

Jetzt ist es an Jesus, ein Grinsen zu zeigen: »Da haste was zum Kopfzerbrechen.«

Die Jünger machen einen Sattel aus ihren Kleidern, und Jesus setzt sich auf die Eselin. Das Gerücht, daß sich der Messias jetzt in die Hauptstadt wagen würde, ist ihnen schon vorausgegangen, am Weg stehen Hunderte von Menschen und breiten ihre Kleider auf dem Boden aus, damit er nicht so holprig reist. Andere haben Zweige abgeschnitten und legen die auf den Weg. Sieht hübsch aus.

Der Trupp, der vor Jesus und den Jüngern einhergeht, betätigt sich als Ausrufer. »Hosianna«, rufen sie und: »Er kommt im Namen des Herrn«, und: »Er sei gesegnet« und solche Sachen.

Das stößt, wie immer, auf Gemaule pharisäischerseits, aber sie werden von Jesus beschieden: »Wenn meine Jungs hier still sind, dann schreien die Steine.«

Beim Anblick Jerusalems muß er weinen.

Jenseits der Stadtmauer geht der Trubel erst richtig los. Als die Jerusalemer sehen, was da für ein pompöser Haufen einzieht, rennen sie alle zusammen. Sie fragen die Ausrufer, wer denn das sei, für den sie da so mächtig und unüberhörbar Reklame machten, und die sagen: »Das ist der berühmte Prophet Jesus von Nazareth, und jetzt geht's hier rund im Städtchen. Darauf könnt ihr Gift nehmen.«

Tempelputz *[Mark. 11,15–19]*

Und damit haben sie verdammt recht, denn jetzt geht die Karawane schnurstracks zum Tempel, und das erste, was Jesus tut, ist, alle Taubenhändler, Geldwechsler und Kaufinteressenten rauszuschmeißen.

»Das ist ein Tempel und kein Kiosk«, schreit er und tritt gegen die Tische, daß alles durcheinanderfällt. »Raus mit euch, verpißt euch! Hat man euch nicht beigebracht, daß im Tempel gebetet wird?«

Innerhalb von zehn Minuten ist der Tempel leer, und nur ein paar verdruckste Hohepriester, die sich nichts zu sagen trauen, stehen mit extra gelangweiltem Gesichtsausdruck herum. Gerade so, als käme hier alle paar Tage mal einer rein und haue alles raus, was ihm nicht paßt.

Bald kommen die ersten Heilungsanwärter angetapst, und der Tag vergeht mit Segnen, Heilen, Dämonen verscheuchen und Lebensweisheiten verzapfen. Business as usual.

Happa Happa

[Matth. 21,18–22]

Der Troß hat sich in der Stadt verteilt und macht einen drauf, aber Jesus und seine Jünger gehen abends, kurz bevor die Stadttore schließen, nach draußen. Sie schlafen lieber im Freien. Jedenfalls wenn das Wetter einigermaßen entsprechend ist.

Am nächsten Morgen, auf dem Weg zum Tempel, hat Jesus Hunger, denn Frühstück wächst da nicht, wo sie ihre Schlafsäcke ausgebreitet haben. Ihm knurrt richtig der Magen, und er hat einen anstrengenden Tag vor sich. Als er am Wegrand einen Feigenbaum sieht, freut er sich schon, aber aus der Nähe muß er feststellen, daß der Baum unfruchtbar ist.

Überreizt, wie oft in der letzten Zeit, nimmt er das als persönlichen Angriff und verflucht den Feigenbaum, daß der nie wieder Früchte tragen soll. Knirsch macht es, und der Baum ist verdorrt.

Das finden nun die Jünger ein bißchen ungerecht, vielleicht kann der Baum selber ja gar nichts dafür, daß er grad unfruchtbar ist. Kommt doch in den besten Familien mal vor. Als sie Jesus fragen, warum er so hart zuschlägt, sagt er nur: »Zur Übung.«

Aber dann ist es ihm doch peinlich, und er versucht der Sache noch einen pädagogischen Anstrich zu verleihen, indem er hinzufügt: »Das könnt ihr auch, wenn ihr nur fest genug glaubt. Ihr könntet sogar einen Berg fliegen lassen, echt.«

»'ne Kuh würde mir schon reichen«, sagt der immer vorlauter werdende Exeget.

Papiere, Papiere [Matth. 21,23–27]

Als Jesus den Tempel betritt, steht da so ein Clübchen von Tratschgesichtern, die offenbar nur auf ihn gewartet haben. Alles Hohepriester und Älteste. Ganz wichtige Leute. Einer tritt auf ihn zu und sagt in amtlichem Ton: »Kann ich mal Ihre Papiere sehen?«

»Was'n für Papiere?« fragt Jesus gelassen.

»Na die Vollmacht für die ganze Heilerei und Prophetie und dieses volkstümliche Gesegne, von dem der ganze Tempel hier seit gestern nur so brummt.«

»Darf ich mal 'ne Gegenfrage stellen?« sagt Jesus, »wenn ihr mir die beantwortet, dann sag' ich euch auch, von wem ich die Vollmacht für das hier habe.«

»Bitte«, sagt der Älteste. Übrigens der Zweitälteste von den Ältesten.

»Also, woher stammte die Tauferei des Johannes, vom Himmel oder von den Menschen?«

Das ist eine Fangfrage, das merken die Hohepriester sofort. Mit sowas kennen sie sich nämlich aus. Wenn sie jetzt sagen, die Taufe stamme vom Himmel, dann sagt er, sie hätten dran glauben müssen. Wenn sie aber sagen, von den Menschen, dann werden sie unmöglich vor den Leuten, denn die lieben ihren Johannes immer noch und machen Stunk, wenn man was gegen ihn sagt. Mist.

Nach kurzer Besprechung einigen sie sich auf die Antwort: »Wissen wir nicht.«

»Dann sag' ich euch auch nicht, woher ich meine Vollmacht habe«, sagt Jesus.

Bengels *[Matth. 21,28–32]*

In einer kleinen Heilpause fragt er die nach wie vor dumm rumstehenden Ältesten: »Was meint ihr, wenn jetzt zum Beispiel einer zwei Söhne hat und er sagt zum einen: ›Geh in den Weinberg und arbeite‹, und dann sagt der Sohn: ›Logo, Paps‹, geht aber nicht, und jetzt fragt der Alte seinen andern Sohn, und der sagt: ›Kein Bock, Papi, echt, heut' geht's irgendwie nicht‹, kriegt aber nachher doch ein schlechtes Gewissen und geht brav in den Weinberg schuften. Wer hat jetzt den Willen seines Vaters erfüllt?«

»Na, der zweite doch«, sagen die Ältesten und sind stolz auf ihre Schlauheit.

»Und der ähnelt leider nicht euch«, sagt Jesus, »denn ihr habt Johannes a) nicht geglaubt und b) noch nicht mal bereut, daß ihr es nicht getan habt. Da seh' ich himmelstechnisch ein gewisses Problem auf euch zukommen.«

Flegel, denken die Ältesten. So ein junger Spund und so frech. Der wird sich noch fragen, ob er nicht bald mal was zum Bereuen kriegt.

Ach, die Gleichnisse machen ihm Spaß, und so schiebt er gleich noch eins hinterher. Irgendwie hat er auch das Gefühl, er müsse den Ältestenclub ein bißchen in die Pfanne hauen. Für das doofe »Kann ich mal Ihre Papiere sehen« vorhin.

»Es war einmal ein Gutsbesitzer, der legte einen Weinberg an, mit allem Drum und Dran, verpachtete ihn und ging auf Weltreise. Als die Erntezeit kam, schickte er ein paar Angestellte zu den Pächtern, um seinen Anteil abholen zu lassen. Die Pächter nun fanden die Sache mit seinem Anteil gar nicht so gebongt, wie er das angenommen hatte, und verprügelten den einen Angestellten, brachten den zweiten um und steinigten den dritten. Wir wollen uns jetzt nicht an dem Unterschied von umbringen und steinigen aufhalten, ich persönlich sehe da nämlich keinen, sondern gleich weiter mit der Geschichte. Der Gutsbesitzer konnte das irgendwie nicht glauben und schickte noch ein paar Angestellte los. Zwar nicht unwesentlich mehr als beim erstenmal, aber um so gleichermaßener wurden sie gekillt.

Man sieht schon, daß der Gutsbesitzer nicht besonders helle war, und wundert sich deshalb nicht, daß er jetzt auf die glorreiche Idee verfiel, seinen eigenen Sohn hinzuschicken. Er dachte sich, meinen Sohn werden sie schon nicht killen, der ist ja eine Respektsperson. Angestellte töten ist eine Sache, aber Juniorchefs, das ist was anderes. Nun, wir ahnen schon, was passiert: Die Winzer plätten natürlich auch noch den Sohn. Jetzt zu meiner Frage: Was meint ihr wird der

Gutsbesitzer machen, vorausgesetzt, er ist endlich etwas schlauer geworden?«

»Er wird die Winzer seinerseits dem Erdboden gleichmachen und seinen Weinberg an nettere Leute verpachten«, sagen die Hohepriester und Ältesten.

»Genau!« schreit Jesus, »und der liebe Gott, mein Vater, wird genau dasselbe mit euch tun. Er wird das Himmelreich an nettere Leute vergeben.«

Der Typ ist doch eine Zumutung, denken sie, aber sie trauen sich keine Handgreiflichkeiten, denn die Leute mögen ihn. Er wird überall für einen Propheten gehalten, und das hat man schon an Johannes gesehen, daß es ganz schön riskant ist, einen Propheten umzubringen. Seitdem ist irgendwie der Bär am Steppen, und keiner weiß, wie lang der Deckel auf dem Pulverfaß noch halten wird.

Die Alternativparty *[Matth. 22,1–14]*

»Es war einmal ein König, der die Hochzeit seines Sohnes ausrichtete. Bei Königs geht das ja, daß der Vater des Bräutigams die ganze Party blecht. Also, alles war fertig, die Diener sollten die Gäste abholen, denn der König hatte sogar einen Fahrdienst organisiert. Da hatten die Gäste plötzlich alle was Besseres vor. Der eine mußte noch dringend zum Squash, der andere hatte einen Vorstellungstermin, der dritte Krach mit seiner Geliebten, und der vierte mußte seine Frau beim Friseur abholen und würde dann nachkommen.

Als die Diener mit leeren Kutschen heimkamen,

runzelte der König die Stirn und machte sich Gedanken über die Manieren der Leute. Schließlich faßte er den Entschluß, sie noch mal abholen zu lassen.

Jetzt war bei dem einen die Dachrinne kaputt, der andere hatte überraschend Besuch bekommen, der dritte mußte noch Akten durcharbeiten ..., kurz, das Argument der Diener, daß alles schon fertig sei, jede Menge toter Tiere auf das Verzehrtwerden warteten, jede Menge Obst und Bauchtanz und was es sonst noch alles an Genüssen gab, vor sich hinrotte, zog nicht. Die Eingeladenen wollten einfach nicht zu des Königs Hochzeitsparty kommen. Manche gingen sogar so weit, den einen oder anderen Diener umzubringen, obwohl dafür eigentlich kein Grund vorlag.

Das Buffet begann schon zu riechen, und des Königs Stimmung näherte sich dem Nullpunkt, da hatte er eine Idee.

›Ladet einfach ein, was euch auf der Straße begegnet‹, sagte er zu seinen Dienern, ›wir machen jetzt eine Alternativparty. Dieses Honoratiorengesocks kann mir doch gestohlen bleiben. Gestohlenst!‹

Also gingen die restlichen Diener los und sammelten alle, die sie trafen, ein, und es wurde dann doch noch ein ganz nettes Fest. Allerdings war der König nicht gewohnt, daß man auf eine Hochzeit kommt und keine Hochzeitsklamotten anhat, deshalb pflaumte er einen Mann an, der eigentlich geglaubt hatte, er solle für ein Meinungsforschungsinstitut befragt werden oder Blut spenden oder sowas. Der Diener hatte sich in diesem Fall wohl nicht ganz klar ausgedrückt. Jedenfalls der Mann wurde hochkant rausgeschmissen, aber sonst war es ein gelungenes Fest.

An dieser Geschichte kann man den Unterschied zwischen Gerufenen und Auserwählten studieren.«

Tarifunterschiede *[Matth. 22,15–22]*

Eine Bande von Jungpharisäern kommt zu Jesus und stellt eine ihrer üblichen blöden Fragen. »Muß man dem Kaiser Steuern zahlen?«

»Wer ist auf der Münze?« fragt Jesus, und die grünen Jungs kramen einen Denar aus der Tasche, den sie vorn und hinten studieren.

»Kaiser«, sagt der Wortführer.

»Also, gebt dem Kaiser, was des Kaisers ist, und gebt Gott, was Gottes ist. Ganz einfach, Kinder. Es ist ganz einfach. Nur gucken, was draufsteht. Kann man gar nichts falsch machen.«

Hat sich wieder mal nicht reinlegen lassen, denken sie und trollen sich in die Stammkneipe der pharisäischen Jungunion.

Das Auferstehen an und für sich *[Matth. 22,23–33]*

Einen Sadduzäer erkennt man übrigens daran, daß er nicht an die Auferstehung glaubt. Das ist, außer einer eher drögen Charakterstruktur und wenig Sinn für Humor, sein Hauptmerkmal.

Den Sadduzäern macht das Rätselerfinden inzwischen auch Spaß. Einmal kommen sie zu Jesus und fragen ihn, wie das denn laufe, wenn jetzt zum Beispiel sieben Brüder irgendwo leben. Und der erste hat eine

Frau. Und dann stirbt der. Und weil die Brüder ja die Frauen übernehmen müssen, nimmt der nächste sich der Gattin an. Dann stirbt der auch, und der nächste Bruder ist dran. Dann stirbt auch der undsoweiter ... Wenn jetzt die Frau schließlich auch stirbt und in den Himmel kommt, hat sie auf einmal sieben Ehemänner. Wer ist dann der amtliche? Welcher Ehemann giltet noch nach der Auferstehung?

»Und wieder einmal«, antwortet Jesus, »habt ihr was falsch verstanden. Es hat sich nämlich, wenn man erst mal auferstanden ist, ausgeheiratet. Im Himmel braucht man diesen ganzen irdischen Schmuse- und Fummelkram nicht mehr. Da hat man Besseres. Halleluja singen, Manna spachteln, Hosianna rufen, frohlocken in allen Sprachen der Welt, sogar auf bayrisch, wenn man mag ...«

»Bayrisch, was'n das?« fragen die Sadduzäer.

»Vergeßt es«, sagt Jesus, »ist mir nur so rausgerutscht. Aber außerdem, was glaubt ihr, hat der liebe Gott zu tun? Den Toten einen astreinen Service zu bieten oder die Lebenden zu betreuen? Genau, ihr habt's erfaßt, er ist der Gott der Lebenden, nicht der der Toten.«

Das entsetzt nun wieder die übrigen Zuhörer. Wieso denn das jetzt plötzlich? Da wird einem stundenlang einer vom Himmelreich nach dem Tode vorgesilbert, und jetzt plötzlich soll Gott gar kein so großes Interesse an den Toten haben? Ja, wofür macht man denn dann den ganzen Bettel? Gibt sich Mühe, alles richtig zu machen, und nachher landet man doch beim alten Eisen, und der Liebe Gott hat gar keine Zeit für einen, weil er sich um die Lebenden kümmern muß? Schöne Aussichten.

Prioritäten *[Matth. 22,34–40]*

Und jetzt wieder die Pharisäer: »Eine Frage, Herr Jesus, bitte. Welches Gebot ist denn nun das allerwichtigste? Das echtallerwichtigste von allen wüßten wir gern.«

»Den Herrn, deinen Gott lieben, mit allem was du hast«, sagt Jesus, »das ist das wichtigste Gebot. Und genau so wichtig: Dich selber lieben wie deinen Nächsten. Nein, andersrum. Deinen Nächsten wie dich selbst.«

»Ja, wie kann denn das eine am wichtigsten sein und das andere genausowichtig?«

»Gute Frage«, sagt Jesus, »aber jetzt mal eine …

… Gegenfrage *[Matth. 22,41–46]*

Was würdet ihr sagen, wem sein Sohn ist der Messias, also ich.«

»Die Frage muß anders lauten«, sagt ein Pharisäer, der sich sprachlich ein bißchen auskennt. »Es heißt nicht, wem sein Sohn, sondern wessen Sohn, und man kann nicht sagen, wessen Sohn ist der Messias, also ich, denn das würde im Satz implizit bedeuten, daß gefragt würde, wessen Sohn ist ich. Es muß aber richtig heißen, wessen Sohn *bin* ich. Aber mal ganz davon ab, ich glaube, daß du der Sohn Davids bist.«

»Tja, voll unlogisch«, sagt Jesus. »Abgesehen davon, daß du dich in formalen Kinkerlitzchen ergehst, *stimmt* es halt auch nicht. Aus zuverlässiger Quelle wissen wir nämlich, daß David mich Herr nennt. Er würde mich nicht Herr nennen, wenn ich sein Sohn wäre, oder?

Die Quelle willst du wissen? Ja hast du denn deinen Elias nicht gelesen?«

Mit dieser Antwort hat er den lästigen Fragern endgültig den Rest gegeben. Ab jetzt wird nichts mehr gefragt. Sei es, weil seine Antworten so einleuchtend waren, sei es, weil er einfach nie verlegen war, sei dem, wie ihm sei. Mit der Fragerei ist Schluß.

Zur Feier *[Matth. 23,1–39]*

Das muß gefeiert werden. Jesus hält aus dem Stegreif eine kleine Ansprache an seine Leute. Und diese Ansprache ist gepfeffert. Kein gutes Haar läßt er an den Sadduzäern und Pharisäern und Schriftgelehrten. Er nennt sie Heuchler und sagt, sie würden eher bei dem Gold im Tempel schwören als beim Tempel selbst. Sie kriegen ihr Fett und den Kopf gewaschen, und es fliegen die Fetzen und bleibt kein Stein auf dem andern, Auge trocken, Glashaus, Gras, Grube gräbt undsoweiter. Jetzt mal bildlich gesprochen.

Apropos *[Matth. 24,1–2]*

»Und das hier«, sagt Jesus beim Verlassen des Tempels und deutet auf den prächtigen Bau, »das schaut euch noch mal genau an, denn es ist der zukünftige Ex-Tempel. Er wird zusammendonnern, wie so manches, wenn es Zeit ist. Ka-Wumm.«

Der ganze harte Kern, also Jesus und die Jünger, ein paar ausgewählte Leute aus der Entourage, der Exeget und ein, zwei Anhänger, sind auf den Ölberg gegangen, denn Jesus hat gesagt: »Wir müssen was besprechen.«

»Ich bin ja jetzt bald dran«, sagt er, als sie sich auf ein hübsches Fleckchen gesetzt haben, »und da gibt es ein paar testamentarische Dinge, die ich euch noch erklären will.«

»Ach, Jupp«, sagt Simon Petrus, »jetzt hör doch auf mit dem abtörnenden Gerede vom Sterben. Du bist jung, bei bester Gesundheit, wir halten zu dir, was soll denn schon passieren?«

Aber Jesus sagt nur knapp, er wolle keineswegs Jupp genannt werden, und über den Punkt mit dem Sterben gebe es keine Diskussion.

»Paßt auf, daß euch die Bluffer nicht hereinlegen. Sie werden es alle versuchen. Alle in meinem Namen. Ein Scharlatan nach dem andern wird sich als Messias ausgeben.

Traut ihnen nicht. Wenn ich es bin, erkennt ihr mich schon. Ein paar Ereignisse könnt ihr jetzt schon mitschreiben. Die werden auf jeden Fall eintreffen, bevor ich wiederkomme. Erstens: Kriege, Hungersnöte, Erdbeben; Zweitens: Verfolgung, Haß, Verrat; Drittens: falsche Propheten, Liebensentzug; Viertens: Romane, Fernsehen, Abstrakte Kunst; Fünftens: Cabrios, Psychologie, Amerikaner, Gitarrensoli und tragbare Kassettenrecorder ... Es wird furchtbar. Wenn ihr das alles durchgestanden habt, wenn ihr bis zum Ende von all dem unversucht gelassen worden seid, dann habt ihr's geschafft. Dann seid ihr gerettet.«

Der Grausliche [Matth. 24,15–28]

»Und am heiligen Ort wird eine Art Monster sitzen und gräßlich grinsen, und dann müßt ihr flitzen. Laßt alles stehen und liegen, hoffentlich sind eure Frauen nicht gerade schwanger, denn ihr dürft keinen Mantel mehr holen und keine Streichhölzer mehr einstecken. Ihr müßt sofort flitzen. Und immer aufpassen, daß ihr keinem Bluffer glaubt. Wenn einer behauptet, da ist ein Herr Jesus und will dich sprechen, knallt ihm eine, denn er lügt.«

Das große Finale [Matth. 24,29–31]

»Wenn ich wirklich wiederkomme, dann hat sich erst mal die Sonne verfinstert, der Mond hat aufgehört zu scheinen, und die Sterne sind vom Himmel gefallen. Danach habt ihr mein Logo am Himmel gesehen und ein mordsmäßiges Jammern und Wehklagen gehört. Und dann gibt's Musik. Die besten Posaunenengel werden für mich spielen, und ich komme auf einer Wolke geritten, und ihr, wenn ihr durchgehalten habt, werdet aus allen Himmelsrichtungen herbeigeholt, und wir machen ein großes Fest.«

Obacht

[Matth. 24,32–42]

»Also denkt dran, paßt Obacht, denn man weiß nicht, wann es kommt. Weiß ich nicht mal selber. Der Chef weiß es, und sonst keiner. Und der hält dicht. Paßt auf die Zeichen auf, und seid bereit. Kann in vier Wochen sein, kann auch in zweitausend Jahren sein. Wie bei Noah damals. Gerade hat man noch gestritten oder eine Aubergine verputzt und – blubb – war man schon ertrunken. Also, Obacht.«

Beispiele

[Matth. 24,43–44]

Er liebt halt seine Gleichnisse, die Marathon-Metaphern, deshalb veranschaulicht er es noch ein bißchen. Es sei, wie wenn der Hausherr nicht wüßte, wann der Dieb einbricht, also eine Überraschung.

Nicht auf dem falschen Fuß erwischen lassen

[Matth. 24,45–51]

Wenn der Herr mal grad weg mußte und der Knecht, anstatt zu arbeiten, einen säuft, hurt oder Domino spielt, dann gibt es eine böse Erschreckung, weil der Herr nämlich etwas früher zurückkommt und den treulosen Knecht schnetzelt und keines weiteren Blikkes mehr würdigt. Dann heult der Knecht und zähneknirscht, und niemand hat eine Freude daran, außer vielleicht der Zahnarzt vom Knecht.

Pentagondoofekaeder *[Matth. 25,1–13]*

Oder zehn Jungfrauen, fünf blöde und fünf schlaue, gehen ihren Bräutigammen, oder muß das heißen Bräutigämmern? ... oder Bräutigams? ... Bräutigemsen? ... Bräutigammi? ... Egal. Sie gehen ihren Herzallerliebsten entgegen. Die Blöden nehmen Lampen mit, aber vergessen das Öl, die Schlauen aber nehmen natürlich beides mit. Ach, übrigens, es ist *ein* Bräutigam, sie sind alle mit demselben verlobt, das vereinfacht die Geschichte etwas. Also, der Bräutigam kommt und kommt nicht, und die Bräute pennen ein, denn es ist langweilig, und sie haben einander nicht viel zu sagen, denn sie sind sich nicht sehr grün.

Irgendwann, mitten in der Nacht, rückt er dann schließlich an, und es gibt ein großes Gerenne und Zurechtgezupfe, und die fünf Blöden wollen gern Öl von den fünf Schlauen. Aber die sehen jetzt ihre Chance gekommen, wenigstens fünf Nebenbuhlerinnen loszuwerden, und rücken kein Öl raus, und die armen Blöden rennen ins Dorf zurück, um Öl zu holen.

Der Bräutigam verzieht sich mit den fünf Übriggebliebenen ins Hochzeitsgemach, und dort geht es rund. Als die fünf Dussel endlich Öl haben, braucht er erstens kein Licht mehr, zweitens hat er festgestellt, daß fünf Bräute reichen, und drittens schläft er schon fast. Er läßt sie gar nicht mehr zur Tür rein. Sollen doch einen anderen heiraten.

Die Ähnlichkeit von Geld und Kaninchen

[Matth. 25,14–30]

Oder ein Herr, der auf Reisen geht, gibt einem seiner Knechte fünf Talente, dem nächsten zwei, dem dritten eines. Als er zurückkommt, hat der mit den fünf Talenten noch fünfe dazugewonnen, weil er knochenhart gewirtschaftet hat. Der zweite hat auch was dazuverdient, und der Herr ist hocherfreut. Der dritte nun war ein bißchen zu konservativ, hat sein Talent vergraben und gibt es jetzt, stolz auf seine Treue, wohlbehalten zurück. Da kriegt er leider a) eine gescheuert und soll sich b) sofort verzupfen, weil er nichts dazuverdient hat. Mit dem Geld sei es wie mit den Kaninchen, ein vergrabenes könne nicht weitere zeugen. So ist das. Wachstum oder Watsch.

Das Ende vom Anfang *[Matth. 25,31–46]*

»Und jetzt erzähle ich euch noch *einen,* Jungs«, sagt Jesus, »ab dann wird's ernst und die Redezeit knapp. Es werden jetzt nämlich dann gleich Nägel mit Köpfen gemacht. Also, wenn euer guter alter Menschensohn dann dereinst tatsächlich wieder nach hienieden schwebt und all diese Engel und all das Posaunengedöns und all die Herrlichkeit undsoweiter um sich wogen weiß, dann wird er sich auf einen spitzenmäßig ausgestatteten Klassethron setzen und Gericht halten.

Alle Völker müssen antreten, und die Guten werden belohnt und die Bösen bestraft. Zu den Guten, sie stehen übrigens rechts vom Thron ...«

»Entschuldige, Jesus, eine Frage bitte«, sagt der Exeget, dessen Sehnenscheidenentzündung schon eine gurkendicke Schwellung an sein Handgelenk gezaubert hat, »rechts vom Thron aus oder vom Publikum aus?«

»Da bin ich jetzt doch ein bißchen überfragt, laß uns den Gedanken festhalten, ich kann mich ja noch erkundigen«, sagt Jesus und ist ausnahmsweise mal nicht verärgert. »Also, zu den Guten sage ich dann: ›Bitte sehr, hier ist euer Himmelreich, gewaschen und gebohnert, fertig zum Gebrauch. Ihr habt es verdient, weil ihr mir zu essen gabt, als ich hungrig war, weil ihr mir zu trinken gabt, als ich durstig war, weil ihr mich gekleidet habt, als ich nackt war, weil ihr mich besucht habt, als ich im Knast saß, und weil ihr mich aufgenommen habt, als ich obdachlos war.‹

Und die Guten werden antworten: ›Aber wir haben dich doch gar nicht im Knast besucht, noch gekleidet, getränkt oder gefräst, das wüßten wir doch.‹

Und ich werde antworten: ›Aber klar habt ihr das, ihr Guten, denn was ihr meinen Leuten tut, das tut ihr mir, und jeder von euch hat einem meiner Jungs mal aus der Patsche geholfen und ist somit selber einer meiner Jungs geworden. Steht alles hier im goldenen Notizkalender.‹

Und das Ganze könnt ihr euch spiegelbildlich vorstellen, mit denen, die links stehen und also die Schlechten sind. Die kriegen das Himmelreich nicht, weil sie meinen Leuten *nicht* aus der Patsche geholfen haben.«

Der Anfang vom Ende *[Matth. 26,1–5/Joh. 11,49–51]*

Nach dieser langen Rede schaut Jesus in die Runde und sieht nur betretene Gesichter. Ist ja klar, sie wollen ihren Chef nicht verlieren, und das, was da offenbar auf sie alle zukommt, schlägt ihnen schwer auf den Magen. Aber er läßt sich nicht auf die Katerstimmung ein, sondern sagt: »In zwei Tagen ist das Passafest, da werden sie den Menschensohn ausliefern und kreuzigen.«

Tatsächlich sitzen synchron zu dieser Äußerung ein paar finstere Hohepriester und Älteste zusammen und tüfteln an den letzten Feinheiten ihres Plans. Des Plans nämlich, Jesus in ihre Gewalt- und umzubringen. Aber bloß nicht am Fest, sagen sie, sonst machen die Leute Stunk. Man muß es diplomatisch machen. Richtiges Timing ist alles bei einer so heiklen Aktion.

Kaiphas, ihr Anführer, in dessen Haus der konspirative Treff stattfindet, ist möglicherweise eine Art Doppelagent. Er sagt nämlich etwas höchst Merkwürdiges. »Es ist besser«, meint er, »ein Mensch stirbt, als daß das ganze Volk verdirbt.«

Das können nun die Hohepriester so verstehen, als müsse Jesus sterben, damit ihm die andern nicht nachfolgen können. Die Christen sehen das aber anders. Deren Ansicht nach stirbt Jesus, um die Sünden aller auf sich zu nehmen. Eine schillernde Figur ist dieser Kaiphas allemal.

Eine glitschige Sache *[Luk. 7,36–50]*

Frauen kommen in dieser Männergemeinschaft eigentlich nicht so vor. Nur hin und wieder. Am nächsten Tag zum Beispiel essen sie alle bei dem Pharisäer Simon. Da kommt eine Sünderin, wäscht Jesus' Füße mit ihren Tränen, trocknet sie anschließend mit ihren Haaren und schüttet ihm nachher beim Essen einen Topf voll Öl über den Kopf.

Die Jünger springen auf und wollen schimpfen, aber er gebietet ihnen Einhalt mit einer unmißverständlichen Gebärde. Er sagt: »Laßt die Frau, ist doch prima, sie ist eine gute Frau und tut mir was Liebes. Nämlich sie salbt mich für das Grab. Außerdem hat sie viel auf dem Kerbholz, so daß sie auch mehr Vergebung bekommt, deshalb ist sie netter zu mir als Simon. Der ölt mich nicht, der wäscht mich nicht, rückt grade was zu essen raus. Auch wenn ich aussehen mag wie ein begossener Pudel, ich find's gut.«

Ein mieser Typ *[Matth. 26,14–16]*

Judas Ischariot hat sich vom Essen weggeschlichen, und niemand hat es bemerkt. Er ist sowieso immer ein stilles Wasser gewesen und unter den Jüngern nicht aufgefallen. Er geht direkt in das Hohepriesterhauptquartier und bietet einen Deal an. »Was krieg' ich, wenn ich euch den Aufenthaltsort von Jesus gebe?« fragt er geradeheraus. Die Priester sind bereit, dreißig Silberlinge dafür rauszutun, und da Judas zum Handeln viel zu aufgeregt ist, nimmt er an.

»Ihr hört von mir«, sagt er, nimmt den Sack mit Silberlingen und geht.

Daraufhin ist großes Hurra und Party bei den Ältesten und Priestern. Sie schlagen sich auf die Schenkel vor Begeisterung und kommen sich genial vor. Als wären sie die großen Detektive, die in monatelanger Arbeit den Aufenthaltsort des Feindes aufgespürt haben. Dabei war es ein billiger Verrat, und außerdem versteckt sich Jesus überhaupt nicht.

Die Frage nach dem Lieblingslokal [Matth. 26,17–19]

Die Jünger wollen Jesus noch eine Freude machen. Sie beschließen, ihn zum Essen einzuladen, und zwar da, wo er am liebsten möchte. Er findet das eine nette Idee und sagt, die Pizzeria Leonardo, zwei Straßen hinter der Synagoge, sei sein Lieblingslokal. Da würde er gern noch mal hingehen. »Nur wir dreizehn«, sagt er, »so richtig unter uns.«

Das Abschiedsessen [Matth. 26,20–29/Joh. 13,22–24]

Die Jünger haben das ganze Lokal reserviert und dem Wirt aufgetragen, alles ein bißchen hübsch herzurichten. Tatsächlich hat er Blumen in die Vasen gesteckt und das Lokal sogar geputzt. Alle Tische sind zusammengestellt, so daß es aussieht wie ein einziger langer Tisch, auf dem auch noch ein wunderbares Tischtuch liegt.

»Quel Honore«, sprudelt Leonardo, als Jesus mit seinen Freunden kommt, »isse dasse alle deine Leut? Dasse dicke male wieder seh. Meine Libblingsegaste. Quelle grande Überraschung. Musse du probiere meine Pizzabrot, isse ganz speziale, gute smeckte und villeickte Zuckchini al forno überbackene mit eine bissle Aglio und Origano und formaggio formidabile ...«

Auch seinen besten Vino rückt Leonardo raus, und bald ist die gedrückte Stimmung fast verflogen, da sagt Jesus: »Ich will ja keinen ankucken, aber einer von euch wird mich verpfeifen.«

Da bleibt ihnen das Pizzabrot im Halse stecken, und der Lieblingsjünger, der grad mit Jesus schmuste, fragt: »Wer?«

»Ich will ja keinen ankucken, aber der, der grad mit mir die Hand in der Schüssel hatte, ist es.«

»Iich?« sagt Judas und weiß nicht, ob er erröten oder erbleichen soll.

»Leider«, sagt Jesus, ohne ihn dabei anzusehen. »Ich muß zwar meinen Weg gehen, insofern ist dein Verrat voll eingeplant, brauchst dir also nichts drauf einzubilden, aber in deiner Haut möchte ich trotzdem nicht stecken. Für dich wär's echt besser, du wärst nicht geboren.«

Jetzt kriegt keiner mehr einen Bissen runter. Judas sitzt in seiner Ecke und ist sich selber peinlich, die anderen würdigen ihn keines Blickes, und Jesus sagt schließlich, um die Stille zu beenden: »Dies ist mein Leib, eßt ihn.« Und er bricht ein Stück Brot für jeden ab. Auch für Judas. »Und dies ist mein Blut, trinkt es«, und er reicht den Kelch voll Wein herum, und alle nehmen einen Schluck. Jetzt sind sie sowas wie Blutsbrüder.

Dann sagt er noch: »Für mich hat sich's jetzt erst mal

ausgegessen und ausgetrunken, bis wir uns in alter Frische dereinst wiedersehen. Ich danke euch für alles, Jungs, ihr wart ein Klasseteam.«

Der letzte Berg *[Matth. 26,30–35]*

Jesus ist so stark. Noch immer hat er das Gefühl, er müsse eher für den Trost seiner Jünger sorgen, als daß er sich einfach in deren Arme werfen dürfte. Dabei könnte er heulen. Ich hatte überhaupt keine Kindheit, denkt er, und soll jetzt schon sterben. Gerecht ist das nicht.

Die Jünger ihrerseits wollen so taktvoll wie möglich sein. Judas ist mitten unter ihnen, aber es ist, als wäre er aus Glas. Durchsichtig. Die andern elf wissen kaum wohin mit ihrem Schmerz, versuchen sich aber nichts davon anmerken zu lassen.

Sie schlagen einen Spaziergang auf den Ölberg vor, denn sie wissen, wie sehr Jesus alle Arten von Bergen liebt. Auch wenn es nur ein kleiner Berg ist. Immerhin ein Berg.

»Ihr werdet mich noch heute nacht dreimal verleugnen«, sagt Jesus, als sie oben sitzen und eine Weile in die Gegend gestarrt haben.

»Aber nie«, sagt Petrus, »unmöglich! Und wenn alle dich verleugnen, ich nicht. Und wenn ich mit dir sterben müßte.«

»Noch heute nacht«, sagt Jesus.

Ich auch nicht, ich auch nicht, niemals, keine Rede, unmöglich, reden die Jünger alle durcheinander.

»Noch eh der Hahn dreimal kräht«, sagt Jesus.

Übermüdung *[Matth. 26,36–46/Joh. 12,27]*

Sie sind ein Stück weitergegangen und an einem Park, der Getsemaneh genannt wird, angekommen, da bittet er die Jünger, ein Weilchen zu warten. Er wolle da drüben beten. Petrus und die beiden Zebedäus-Söhne nimmt er mit. Seine Lieblingsjünger. Auf einmal spürt er die Angst. Noch ein Tag zu leben. Ein einziger Tag. »Ich brauch' euch«, sagt er zu den dreien, »laßt mich nicht allein.«

Er bittet sie, zu wachen, während er betet. Es ist Nacht geworden, und er denkt, das sind bis zum Jüngsten Tag die letzten Zikaden, die ich hören werde. Er geht ein paar Schritte und wirft sich auf den Boden. »Vater«, betet er, es ist übrigens das erste Mal, daß er Gott nicht mit Chef, sondern mit Vater anspricht, »Vater, wenn das irgendwie geht, dann laß diesen Tod an mir vorübergehn. Aber bitte fühl dich nicht gedrängelt, es ist nur, daß es mir weh tut, schon jetzt zu sterben. Deine Schöpfung ist so schön, ich würde gern noch mehr davon sehen. Aber wie du es vorhast, soll es sein, ich wollte bloß noch mal gefragt haben.«

Er geht zu den drei Freunden zurück und sieht, daß die eingeschlafen sind. Das gibt ihm einen Stich. Nicht mal eine Stunde konnten sie mit ihm wachen. Er weckt sie auf und sagt: »Bitte bleibt doch wach. Laßt mich nicht hängen. Wenn ihr die ganze Zeit betet, dann wird's schon gehen. Der Geist ist willig, aber das Fleisch ist schwach.«

Dann geht er wieder rüber zu dem Stein und sagt: »Vater, es tut mir leid. Vergiß, worum ich dich gebeten habe. Ich sterbe. Versprochen.«

Und wieder sind die drei eingebrummt, anstatt mit ihm zu wachen. Enttäuscht geht er ein drittes Mal und sagt, er sei traurig, aber Gott solle ruhig den Tod schikken, er werde ihn annehmen. Gott könne sich auf ihn verlassen. Schließlich wisse er, daß er genau deshalb hier sei.

Dann stupst er die drei Schnarcher und sagt: »Auf geht's, die Stunde Null ist angesagt. Seht mal, wer da kommt.«

Der illegale Bust *[Matth. 26,47–56]*

Und er deutet in die Richtung, aus der just in dem Moment Judas mit einer ganzen Bande von Bewaffneten herangescheppert kommt. Er hat mit ihnen ausgemacht, daß derjenige, den er küssen werde, Jesus sei, damit sie nicht den Falschen erwischen. Er kommt auf Jesus zu, tut, als sei alles in Butter, sagt: »Hi, Rabbi« und küßt ihn auf die Wange.

»Dazu bist du gekommen«, sagt Jesus traurig und läßt sich ohne Gegenwehr ergreifen. Das kann einer der beiden Brüder nicht aushalten, zieht sein Schwert und haut einem Häscher ein Ohr ab. »Gehe wenigstens eines Ohres verlustig, du Hurensohn, wenn du schon den Besten, den man sich denken kann, verhaftest«, sagt er unter Tränen, während der frischgebackene Einohrige sich erstaunt die Hand an den Phantomschmerz legt.

Aber Jesus sagt: »Steck dein Schwert weg, denn wer zum Schwert greift, wird durch das Schwert umkommen. Glaubst du nicht, mein Vater würde mir eine Armee von Engeln schicken, wenn er wollte, daß ich hier rauskomme?« Und zu den Bewaffneten gewandt sagt er: »Ist euch das nicht ein bißchen peinlich, mich hier so abzuholen, mit Knüppel, Schwert und vollem Wichs, wo ich doch jeden Tag im Tempel war und gelehrt habe? Ihr hättet mich verhaften können, ohne dieses ganze Geraffel. Ist doch lächerlich, oder?«

Solche Ironie können nun die Jünger überhaupt nicht aushalten. Sie rennen weg, als flöge ein Hornissenschwarm auf sie zu. Alle.

Verhör *[Matth. 26,57–86]*

Aber Petrus dreht nach einigen hundert Metern um und folgt dem Troß in sicherem Abstand zur Stadt. Sie bringen Jesus zum Palast des Hohepriesters Kaiphas, der die ganze Gefangennahme organisiert hat. Er hat auch die dreißig Silberlinge gestiftet. Petrus schleicht sich sogar in den Palasthof, wo er sich unter die Diener mischt, um zu sehen, was passiert.

Ein Schauprozeß läuft an, der seinesgleichen sucht. Die Hohepriester fahren alles an falschen Zeugen, was sie finden konnten, auf. Unter anderem zwei Männer, die behaupten, Jesus habe gesagt, er könne den Tempel einreißen und in drei Tagen wieder aufbauen, und das sei doch echt eine Blasphemie.

»Hast du was dazu zu sagen?« fragt der Untersuchungsrichter. Jesus schweigt. »Bist du der Messias, der Sohn Gottes?« fragt er weiter, und da antwortet Jesus: »Du sagst es.«

Jetzt gibt es ein Mordsgeschrei, der Hohepriester

zerreißt sein Gewand und tut, als flippe er aus vor soviel Gotteslästerung. Ist natürlich alles nur geheuchelt, denn alle sind sich einig, daß Jesus sterben soll. Das sagen sie auch gleich, als der Untersuchungsrichter sie nach ihrer Meinung fragt. Sie spucken ihm ins Gesicht, ohrfeigen ihn und versuchen höhnische Witze zu reißen. »Wer hat dich eben geschlagen?« schreien sie kichernd, »bist doch ein Prophet, mußt es doch wissen, ha ha.«

Ein Feigheitsanfall *[Matth. 26,69–75]*

Da kommt eine Magd auf Petrus zu und sagt: »Du bist doch auch einer von denen, dich kenn' ich doch!« Alle schauen her und freuen sich schon auf die Aussicht, auch diesem Mann ins Gesicht spucken zu dürfen. Das Anspucken ist in diesen Tagen fast so beliebt wie das Steinigen.

»Iich?« sagt Petrus, »spinnst wohl!« und versucht sich schnell davonzumachen.

Aber am Tor steht schon wieder eine und meint, er sei doch auch einer von diesen Halunken, die ab jetzt zum Anspucken und Ohrfeigen frei sind. »Keine Rede«, sagt er im Vorbeihuschen, »Jesus? Kenn' ich nicht. Nie von gehört.«

Und draußen vor dem Tor treten einige auf ihn zu und finden, seine Mundart sei doch aber verdächtig Galiläisch. »Laßt mich doch mit diesem Jesus zufrieden«, sagt er und geht, so schnell er kann, davon. Und in diesem Moment kräht ein Hahn, und Petrus erinnert sich an Jesus' Worte, und ab da kann er kaum den

Weg erkennen vor lauter Tränen, die ihm in den Kragen tropfen. So sehr schämt er sich.

Auslieferung *[Matth. 27,1–2]*

Der Prozeß war zwar eine Farce, aber formal sah alles ganz amtlich aus. Am Morgen liefern die Ältesten und Hohepriester, nachdem sie einen offiziellen Hinrichtungsbeschluß ausgesprochen haben, Jesus, wie es im Gesetz steht, an den römischen Gouverneur Pilatus aus.

Und noch einer schämt sich *[Matth. 27,3–10]*

Als es die Spatzen von den Dächern pfeifen, kriegt auch Judas zu Ohren, daß Jesus zum Tode verurteilt worden ist. Das hab' ich doch nicht gewollt, denkt er, das doch nicht, und schüttelt sich in Krämpfen. Von dem Geld hat er noch nichts verbraucht, und er nimmt den Sack und geht direkt zu Kaiphas' Haus. »Er ist unschuldig«, sagt er, aber die Priester lachen nur hämisch und finden, das sei sein Bier. Da schmeißt er den Beutel in eine Ecke und geht sich umbringen.

Die Priester wollen das Geld nicht im Tempel lassen, weil Blut daran klebt. Jetzt plötzlich kommt es ihnen auf sowas an. Daß ihre Hände, an denen dasselbe Blut klebt, jeden Tag im Tempel herumfuchteln, daran verschwenden sie keinen Gedanken, aber das Geld, das soll hier raus. Sie kaufen einen Acker damit, denn es wegzuwerfen, bringen sie auch nicht übers Herz. Dieser Acker wird fortan als Begräbnisplatz für Ortsfremde benutzt und heißt Blutacker.

So manchen von ihnen schaudert, wenn er zufällig bei Jeremias auf die Zeilen stößt: *Sie nahmen die dreißig Silberstücke – das ist der Preis, den er den Israeliten wert war – und kauften für das Geld den Töpferacker, wie der Herr befohlen hatte.*

Die offizielle Verhandlung *[Matth. 27,11–26]*

Rein gesetzestechnisch sieht es in diesen Tagen so aus, daß eine Verhandlung auf jüdisch gemacht werden muß und dann noch eine auf römisch. Das heißt, Pilatus muß den Fall, und sei es auch nur pro forma, noch mal aufrollen, damit alles seine Ordnung hat.

»Bist du der König der Juden?« fragt er den Angeklagten.

»Du sagst es«, antwortet Jesus gelassen.

Und die Ältesten und Hohepriester rasseln ihren ganzen, vorher abgesprochenen, Anklagesermon runter, auf den Jesus mit keinem Wimpernzucken reagiert.

»Hörst du nicht, was die alles gegen dich vorbringen?« fragt Pilatus verwundert. Jesus gibt keine Antwort.

Zum Passafest ist es üblich, einen Gefangenen freizulassen. »Wen wollt ihr«, fragt Pilatus, »Barrabas oder Jesus?«

Barrabas ist ein berüchtigter Killer, der schon schlimme Dinger gedreht hat.

Pilatus fragt extra ein bißchen scheinheilig, denn er

weiß ganz genau, daß man Jesus nur aus Neid anklagt. Während er noch auf die Antwort wartet, schiebt ihm ein Gerichtsdiener ein Zettelchen auf seine Schreibunterlage. Auf diesem Zettelchen steht ein Gruß von Pilatus' Frau und die Bitte, Jesus freizulassen. Sie habe einen schrecklichen Traum gehabt, und der Mann sei unschuldig.

Inzwischen haben die Hohepriester alle Hände voll zu tun, die anwesenden Leute zu überreden, daß sie die Freilassung von Barrabas verlangen. Das gelingt ihnen auch, die Menge schreit begeistert »Barrabas«, als Pilatus seine Frage wiederholt.

»Was hat Jesus denn verbrochen?« will Pilatus wissen, aber die Menge schreit nur: »Ans Kreuz mit ihm!«

Pilatus merkt, daß er nichts mehr zu melden hat. Als Gouverneur der Römer muß man manchmal einen ganz schönen Eiertanz aufführen, damit es keine Aufstände gibt. Also läßt er den Leuten ihren Willen, aber vorher taucht er noch die Hände in einen Kübel Wasser und sagt: »Ich wasche meine Hände in Unschuld. Ich bin am Blute dieses Menschen nicht schuldig. Das ist eure Sache.«

»Sein Blut komme über uns und unsere Kinder«, schreit die Menge begeistert, denn das Kreuzigen ist in diesen Tagen noch beliebter als das Steinigen, Anspukken und Ohrfeigen.

Also läßt Pilatus Barrabas frei und gibt den Befehl, Jesus zu geißeln und kreuzigen.

Soldatenspäße *[Matth. 27,27–31a]*

Die Soldaten, die damals im Auftrag von Herodes sämtliche Knaben umbrachten, sind natürlich nicht mehr im Dienst. Aber die, die Jesus jetzt nehmen und in das Amtsgebäude führen, sehen ihnen zum Verwechseln ähnlich. Komisch.

Sie bilden einen Kreis um ihn, ziehen ihn aus und legen ihm einen purpurroten Mantel um. Dann flechten sie einen Kranz aus Dornen, den sie ihm roh auf die Stirn drücken, und sagen, das sei jetzt seine Krone. Es blutet sofort. Sie bringen einen Stock, drücken ihn Jesus in die Hand und sagen, das sei sein Zepter. Sie lachen sich krumm und schief und haben eine mächtig gute Zeit beim Anspucken, Auslachen, Stockwegnehmen, Auf-den-Kopf-Schlagen, Im-Kreis-Rumtanzen und »Heil dir, König der Juden« grölen. Aber da selbst den widerlichsten Typen gelegentlich die eigene Widerlichkeit irgendwann mal langweilig wird, hören sie auch wieder auf damit. Sie ziehen Jesus die eigenen Kleider wieder an und bringen den Mantel dahin zurück, wo sie ihn hergeholt haben.

Das Kreuz *[Matth. 27,31b–44]*

Langeweile ist bei solchen Leuten aber leider kein Grund, das, was sie Humor nennen, zu verlieren. Eher im Gegenteil. Als sie Jesus auf den Berg Golgatha bringen, das ist ein derzeit beliebter Hinrichtungsplatz, da greifen sie sich einen Mann, der gerade des Weges kommt und finden, der solle das große, schwere Kreuz hinter Jesus hertragen. Der Mann widerspricht natürlich nicht. Sein Name ist Simon.

Damit nicht genug. Oben auf dem Berg geben sie Jesus Wein zu trinken. Nach dem ersten Schluck spuckt er aus, denn der Wein ist mit Galle versetzt. Die Soldaten kriegen sich kaum ein vor Begeisterung.

Dann nageln sie ihn ans Kreuz. An den Händen und an den Füßen. Obwohl das keiner von ihnen verlangt hat. Die beiden andern Delinquenten, die auch gerade gekreuzigt werden, links und rechts von Jesus, sind nur mit Seilen an ihre Kreuze gebunden. Über seinen Kopf montieren sie ein Schild, auf dem steht INRI. Das soll heißen Jesus von Nazareth, der König der Juden. Finden sie auch zum Totlachen. Dann verteilen sie seine Kleider unter sich und überlassen den Rest der Menge.

Die ist nicht viel besser, treibt ihren Spott mit ihm und meint, er solle sich doch retten lassen von Gott, wenn der schon sein Vater sei. Und die beiden Räuber links und rechts machen auch noch mit.

Jesus erträgt die ganzen Gemeinheiten mit Stil, aber er fragt sich doch, woher all diese Leute, die ihn jetzt hassen, denn plötzlich gekommen sein mögen. Bis gestern abend wollten sie doch alle noch geheilt und gesegnet werden. Und für euch Idioten, die keine vierundzwanzig Stunden bei der eigenen Meinung bleiben könnt, mach' ich das alles, denkt er enttäuscht. Ich blute, ich leide Schmerzen, ich sterbe für euch Deppen? Hätte er nicht so viel Stil, dann dächte er sicher, es ist schade um mich.

Von seinen Jüngern ist natürlich keiner da. Allerdings drücken sich einige Frauen im Hintergrund herum, die nicht an dem allgemeinen Gespotte und Gequäle teilnehmen. Es sind welche, die schon lang im Troß dabei waren, Wäsche gewaschen haben, Wunden versorgt und Öl eingekauft.

»Armer Sascha«, murmelt eine, so leise, daß es keine der Umstehenden hören kann. Die Frau des Zebedäus ist auch da. Die, die mal wollte, daß ihre beiden Söhne direkt neben Jesus sitzen sollten, wenn das Himmelreich einmal angebrochen ist. Und Maria Magdalena, von der man munkelt, Jesus habe sie das eine oder andere Mal mit einer Art Extra-Segen versorgt. Aber das sind nur Gerüchte. Sie jedenfalls hat als einzige Tränen im Gesicht und verbirgt sie auch nicht vor den andern.

Abends gegen acht zerstreuen sich die meisten Leute, denn es ist Zeit fürs Abendessen, und die Schulaufgaben der Kinder müssen auch noch durchgesehen werden, und man kann ja nicht den ganzen Tag verplempern, bloß um so einem Verurteilten beim Sterben zuzusehen. Fast nur noch die Frauen aus dem Troß sind da. Sie sind auch diejenigen, die gegen neun Uhr hören, daß Jesus ruft: »Mein Gott, warum hast du mich verlassen?«

Es ist schon seit drei Stunden stockfinster im ganzen Land, und die wenigen, die noch da stehen, erschrekken ziemlich, als sie plötzlich Jesus' Stimme hören. Einer von ihnen geht zu ihm, steckt einen mit Essig getränkten Schwamm auf einen Stock und gibt ihm zu trinken. Aber seine Kumpels wollen ihn davon abhalten und sagen: »Wir wollen doch sehen, ob Gott was unternimmt.«

Einmal schreit Jesus noch auf, dann stirbt er.

In dem Augenblick gibt es ein Erdbeben, bei dem einiges kaputtgeht. Der Vorhang im Tempel reißt, die

Gräber öffnen sich und lauter Heilige spazieren in ihren modrigen Gewändern herum.

»Das war *doch* Gottes Sohn«, sagt der Hauptmann der Wachsoldaten.

Das Grab [Matth. 27,57–61]

Gegen Abend des nächsten Tages kommt ein reicher Verehrer von Jesus zu Pilatus und fragt, ob er den Leichnam haben könne. Pilatus hat nichts dagegen, und der Mann hüllt den Körper in ein sauberes Leinentuch. Der Mann heißt Josef. Er legt Jesus in das Grab, das er für sich selber hat bauen lassen. Es ist ein schönes Grab, mitten in einen großen Felsen reingehauen. Er wälzt einen riesigen Stein vor den Eingang, damit nicht einer noch der Leiche was antun kann. Maria Magdalena und eine andere Frau, die auch Maria heißt, sind auch da. Keine Ahnung, woher sie wußten, daß Jesus hier begraben werden soll.

Gravewatchers [Matth. 27,62–66]

Das Erdbeben und der zerrissene Vorhang haben den Hohepriestern und Pharisäern einen solchen Schrekken eingejagt, daß ihnen jetzt recht mulmig ist. Was, wenn der doch der Sohn von Gott ist? Nicht auszudenken! Dann hätte er ja recht mit seinen Prophezeiungen? Dann erstünde der ja womöglich wirklich in drei Tagen aus dem Grabe auf?

Sie gehen zu Pilatus und sagen: »Die Jünger dieses Betrügers werden ihn garantiert klauen, damit sie nachher behaupten können, er sei auferstanden. Stell doch bitte eine Wache vor das Grab. Ja, Pilatus?«

»Könnt ihr selber machen«, sagt Pilatus. Er hat die Faxen mit diesen Erbsenzählern dicke.

Also stellen die Hohepriester einen kleinen, privaten Wachtrupp zusammen und versiegeln das Grab. Insgeheim denken sie nämlich, das Auferstehen schafft er nicht, wenn unsere Spitzenleute hier aufpassen. Da kann er versauern in seinem Kabuff.

Letzte Meldung der Geschäftsleitung [Matth. 28,1–8]

Maria Magdalena und die andere Maria kommen jeden Tag ans Grab, obwohl die finsteren Wachleute keinen besonders freundlichen Eindruck machen. Am Sonntagmorgen, der Tag dämmert gerade, nähern sie sich dem Grab mit Blumen und einer Kleinigkeit zu essen für den langen Tag. Plötzlich rauscht es am Himmel, es dröhnt wie ein Ufo, der Boden bebt, und ein Engel kommt senkrecht zur Erde gerast. Daß er nicht ungespitzt im Boden verschwindet, liegt nur daran, daß er weiß, wie man bremst und die letzten Meter ruhig einschwebt.

Der Engel geht zum Grab, stupst den tonnenschweren Stein mit einem Finger weg, so daß er drei Meter weiter erst wieder zu liegen kommt. Dann schlendert er hin und setzt sich drauf.

Die beiden Frauen sind von den Socken und die Wächter um den Verstand gebracht. Sie stellen sich tot, damit ihnen der Engel nicht auch noch eine verpassen kann. Sie wollen lieber zu Fuß in die Stadt zurück.

»Ihr braucht nicht zu bibbern«, sagt der Engel zu den Frauen, die natürlich nicht nur von den Socken, sondern auch relativ außer sich sind. »Die Geschäftsleitung bittet mich, euch auszurichten, daß Jesus nicht mehr da ist. Er ist auferstanden wie besprochen, und ihr sollt das den Jüngern sagen. Den Stein hab' ich bloß weggeschnippt, damit diese Dumpfbacken hier ...«, und er deutet auf die scheintoten Wachleute, »... was zu erzählen haben, wenn sie nach Hause kommen. Muß doch auch gut aussehen, sowas.«

Schon wollen die beiden Frauen losrennen, da fällt dem Engel noch was ein. »Ach ja, er ist nach Galiläa vorausgegangen, dort trefft ihr ihn.«

Jetzt rennen die Frauen wirklich los, und der Engel levitiert gemütlich, denn er kann das Tempo selber regeln, und der plakative Auftritt eben war nur für die Wächter.

Tatsächlich *[Matth. 28,9–10]*

Kaum sind die Frauen um die erste Ecke gebogen, steht Jesus da und sagt: »Hallo.« Sie werfen sich auf den Boden und behandeln ihn wie ein Gespenst.

»Keine Angst, Mädchen«, beruhigt er sie, »sagt den Jungs, wir treffen uns alle in Galiläa.«

Der letzte Trick der Hohepriester *[Matth. 28,11–15]*

»Jetzt können wir nur noch den Schaden begrenzen«, sagen die Hohepriester, als die Wächter alles berichtet haben. »So ein Mist. Steht der tatsächlich aus dem Grab auf und blamiert uns.« Sie beschließen, daß man jetzt einfach behaupte, die Jünger hätten ihren Guru geklaut, damit die Legendenbildung funktioniert.

Sie geben den Wachleuten Geld, damit die genau diese Version verbreiten, und so schaffen sie es, daß innerhalb kurzer Zeit totale Verwirrung herrscht. Die einen glauben, Jesus sei selber auferstanden, die andern glauben, er sei auferstanden worden. Die Verwirrungstaktik klappt so gut, daß sich die Hohepriester in den nächsten Jahren immer raffiniertere Gerüchte ausdenken, damit die Christen was zu knabbern haben. Ein kleiner Triumph, aber immerhin.

Jobs für die nächste Zeit *[Matth. 28,16–20]*

Alle elf Jünger sind fix nach Galiläa getrampt und auch nicht weiter erstaunt, als Jesus tatsächlich zur verabredeten Stunde auf dem verabredeten Berg erscheint. Einige muß er aber doch erst mal zwicken, damit sie wirklich an seine Echtheit glauben. Er läßt gar keine großen Sentimentalitäten aufkommen, sondern ergreift gleich das Wort:

»So, Jungs, jetzt seid ihr Vollmitglieder. Die Lehrzeit ist vorbei, jetzt fängt der Ernst des Lebens an. Die Firma freut sich, euch als Mitarbeiter zu haben, und setzt große Stücke auf euch. Ihr geht jetzt in die Welt raus und macht eine richtig große Kirche auf. Mitgliederwerbung ist das oberste Gebot. Unser soziokulturell-charakterhygienisches Projekt tritt in seine entscheidende Phase, und es kommt auf euch und die, die ihr ausbildet, an. Gebt alles.«

»Aber wie sollen wir das schaffen, ohne dich?« sagen manche, denn sie würden jetzt ganz gern verzagen und auch mal Urlaub machen. Der Exeget streckt den Finger schon seit einiger Zeit in die Luft, und, als Jesus ihn ansieht, fragt er: »Wen meinst du genau mit dem ›Erich des Lebens‹?«

»Ernst«, sagt Jesus milde, »er heißt Ernst«, und zu den Jüngern gewandt, mit einer Gebärde großzügigen Überlassens: »Wir seh'n uns beim Weltuntergang.«

Nachwort

Habt ihr's kapiert, Leute? Ich meine, wer euch das alles hier erzählt? Ich bin Matthäus, der Zöllner aus dem neunten Kapitel. Der, bei dem das große Essen stattfand, und der die vielen Notizblöcke übrig hatte. Ja, genau! Ich hab' nämlich alles mitgeschrieben.

Jetzt verwechselt mich aber bloß nicht mit dem Exegeten. Das ist dieser nervige Spund, der nichts kapiert hat und viel Unsinn geschrieben haben muß. Ich hab' mich jedenfalls nicht für seine Aufzeichnungen interessiert. Möglich, daß sie euch in späteren Jahren mal als Originalbibel oder sowas angedreht werden. Dann wißt ihr ja, was ihr davon zu halten habt.

Klar, ich bin erst später in die Geschichte reingekommen, bin ja praktisch erst auf Jüngerebene dazugestoßen, aber alles, was ich über die Kindheit und Zeit vor mir aufgeschnappt habe, hab' ich genau notiert, denn ich fand, Jesus ist schon ein komplexer Typ, und je mehr man von ihm als Mensch weiß, desto mehr begreift man seine Mission.

Über seine Jugend hat er selbst nichts rausgelassen, außer, daß er geschreinert hat und gelegentlich, für sich, Fische in Brot, Felsen in Bäume und Brot in Fische verwandelt. Aber er sagte, das wären kleine Fische gewesen, und er sei nicht an die Öffentlichkeit getreten damit. Warum, wisse er auch nicht, Instinkt vielleicht.

Ihr wundert euch sicher über manche Dinge, die in meiner Geschichte vorkommen, obwohl sie zu der Zeit, in der ich schreibe, noch gar nicht existieren. Das ist so: Ich kann nämlich selber ein bißchen in die Zukunft schauen und habe deshalb, aus Spaß an der Freude, immer mal die technische Entwicklung abgefragt. Und weil mir diese Sachen, die es alle mal geben wird, wie Tankstellen, Rock 'n' Roll und Telefon, so gefallen haben, hab' ich sie in meine Geschichte mit reingenommen. Vielleicht, so dachte ich mir, lesen es die Leute dann in zweitausend Jahren immer noch gern. Man schreibt ja nicht für sich selber.

Tja, und mich hat's dann erst in die Türkei und später nach Griechenland verschlagen. Da sitze ich nun und versuche leserlich zu schreiben, denn ich werde alt, und meine Notizen sind total durcheinander. Mal sehn, vielleicht diktiere ich das alles auch noch mal oder geb's diesem Lukas, der mir im Haushalt hilft, damit er's ins reine schreibt.

Oder ist das hier Syrien? Ich hab' jetzt die Landkarte von später nicht mehr so parat. Kann auch Syrien sein. Beziehungsweise werden.